Leszek Kołakowski | Neue Mini-Traktate über Maxi-Themen

©POLAND

Leszek Kołakowski, der wohl bekannteste polnische Philosoph der Gegenwart, beherrscht die seltene Kunst, seinem Leser die falsche Angst vor der Beschäftigung mit schwerwiegenden philosophischen Fragestellungen zu nehmen. Gelang es ihm schon mit dem ersten Band seiner philosophischen Kurzvorträge, bedeutende Themen der Philosophie- und Geistesgeschichte mit Weisheit, Nüchternheit, Gelassenheit und Witz abzuhandeln, so darf man mit Spannung nunmehr weitere philosophische Traktate zu gewichtigen Topoi erwarten.
»Um Menschen zu bleiben, müssen wir die Zufälligkeit des Lebens als unsere Bestimmung annehmen«, sagt der Philosoph und verfolgt damit eine Moral, die ohne den erhobenen Zeigefinger auskommt – und gerade das macht diesen Band so lesenswert.

Leszek Kołakowski, geboren 1927, war Professor für Philosophiegeschichte in Warschau und Leitstern der intellektuellen Szene; er verließ Polen 1968 und ist seit 1970 Professor am All Souls College in Oxford. 1977 erhielt er den Friedenspreis des Deutschen Buchhandels, 1991 den Ernst-Bloch-Preis.

Leszek Kołakowski

Neue Mini-Traktate über Maxi-Themen

Aus dem Polnischen übertragen von Nina Kozlowski

RECLAM
LEIPZIG

Mit einem Nachwort von Christian Heidrich

Diese Publikation wurde gefördert vom Polnischen Literaturfond © POLAND mit Mitteln des Ministeriums für Kultur und Nationales Erbe der Republik Polen.

Besuchen Sie uns im Internet:
www.reclam.de

Titel des polnischen Originals: Mini-wykłady o maxi-sprawach/
Seria Druga

Titel des polnischen Originals: Mini-wykłady o maxi-sprawach/
Seria Trzecia
Reclam Bibliothek Leipzig, Band 20037
1. Auflage, 2002
Reihen- und Umschlaggestaltung:
Gabriele Burde | Kurt Blank-Markard
Autorenfoto: Czesław Czapliński
Gesetzt aus ITC Slimbach
Satz: Reclam Verlag Leipzig
Druck und Bindung: Reclam, Ditzingen
Printed in Germany
ISBN 3-379-20037-9

Inhalt

Von Gott

Die großen religiösen Denker haben uns vielfach gelehrt: Wenn wir über Gott sprechen, wissen wir nicht, worüber wir sprechen, über wen wir sprechen. Dabei fällt das Sprechen leicht, denn diese Art der Sprache hat sich im Laufe vieler Jahrhunderte entwickelt und in unserem Kulturbestand eingenistet, aber ein kurzes Innehalten genügt, um sich ebendessen voller Mißbehagen bewußt zu werden: Wir wissen in der Tat nicht, worüber wir sprechen, über wen wir sprechen.

Die größte Schwierigkeit liegt gerade darin. In der Bibel lesen wir von Gott, der die Ureltern im Paradies ermahnt, Noah Anweisungen erteilt, mit Abraham einen Bund schließt und zu Moses spricht. Seine Worte sind die eines Herrn, eines Herrschers, eines Monarchen. Von den Theologen aber erfahren wir - angeblich auf Grund einer Analyse ebenderselben Bibel -, daß Gott das zeitlose, unendliche, allmächtige, alleswissende, alles durch sich selbst erkennende und dabei seine Geschlossenheit niemals verlassende Sein ist, daß Er alles Sein ist. Es fällt uns leicht, dies zu sagen, weil wir uns daran gewöhnt haben, aber wirklich begreifen können wir es nicht. Wir wissen nicht, was es bedeutet, außerhalb der Zeit zu sein, die ganze Vergangenheit und Zukunft in sich in einer immerwährenden Gegenwart zu vereinen. Wir wissen nicht, was Allmacht bedeutet, und die Theologen haben sich oftmals darüber gestritten (nach griechischen Glaubenssymbolen wird Er Pantokrator genannt, also gleichsam Allbeherrscher, was leichter zu verstehen ist als die lateinische Entsprechung *omnipotens*). Wir wissen nicht, was die Erschaffung der Welt aus dem Nichts bedeutet. Auch wissen wir nicht, was Allwissenheit, Allgegenwart, Identität von Wesen und Existenz, Dreieinigkeit ist.

In der christlichen Lehre war in der Tat stets das Bekenntnis zum Geheimnis gegenwärtig. In den Kanones des Ersten Vatikanischen Konzils lesen wir schließlich, daß derjenige, der behaupten würde, es gäbe in der Offenbarung kein Geheimnis im eigentlichen Sinne, sondern alle Dogmen ließen sich verstandesmäßig erfassen und beweisen, zu exkommunizieren sei. Andererseits stimmt es aber auch, daß unser Verstand mit sonderbaren Geheimnissen in viel größerer Zahl konfrontiert wird, als uns dies Theologie und Bibel berichten; es genügt, ein wenig in sich zu gehen, um zu bemerken, daß die scheinbar einfachsten Dinge und Ereignisse, die zu den Alltagserfahrungen gehören, das Gefühl eines unergründlichen Geheimnisses hervorrufen können: Zeit, Freiheit, Existenz, Raum, Ursache, Bewußtsein, Materie, Zahl, Liebe, »ich«, Tod. Der Unterschied zwischen diesen beiden Arten von Geheimnissen beruht darauf, daß uns die Geheimnishaftigkeit der letzteren möglicherweise gar nicht klar wird, daß wir uns damit begnügen können, diese Begriffe im Rahmen des gesunden Menschenverstandes zu benutzen, und daß wir sogar den Entschluß fassen können, es gäbe hier gar kein Geheimnis, weil die Physiker und Chemiker bereits alles erklärt hätten. Auch wenn man in ähnlicher Weise über Gott sprechen kann, schlicht und einfach, ohne zu überlegen, so wird dennoch hier sogleich das Geheimnis offenkundig, es liegt auf der Hand. Außerdem kann ein gläubiger Mensch jederzeit aufgefordert werden, Stellung zu beziehen: »Und woher weißt du, daß Gott existiert?« Dagegen wird die Frage »was ist Zeit?« in den alltäglichen menschlichen Kontakten nur selten gestellt, und niemand fühlt sich kompromittiert oder beunruhigt, wenn er darauf keine Antwort weiß.

Dieses Geheimnis gehört aber gerade zu den grausamsten;

wie ist es möglich, daß das Absolute zugleich eine *Person* ist - eine unendlich höhere, größere, bessere als wir, aber dennoch eine Person in dem Sinn wie jeder von uns? Können wir den Gedanken zulassen, daß das Sein des Parmenides, das in seiner Identität verharrte, Noah eingehend belehrte, wie er die Arche bauen solle? Daß das zeitlose Eine Plotins Hiob seine Probleme erläuterte, den Menschen befahl, keine Zinsen auf Anleihen zu erheben, keine Hasen und Krabben zu essen und nicht gleichzeitig einen Esel und einen Ochsen vor den Pflug zu spannen? Wenn man sich darüber Gedanken macht, gerät man in Versuchung, den alttestamentarischen Jahwe nach dem Beispiel einiger Gnostiker vom wahren, liebenden Gott zu unterscheiden oder - wie Meister Eckhart - den persönlichen Gott von dem unergründlichen und namenlosen Abgrund der Göttlichkeit.

Das Christentum erleichtert uns die Sache und mildert diese schwierige Lage, und zwar dank der Person des Mittlers Jesus Christus in seiner Doppelnatur, der der wahre Gott der Christen ist: Im Gegensatz zum Vater ist uns sein Name bekannt, bekannt ist sein Leben, und es zweifelt wohl niemand daran, daß er wirklich auf dieser Welt wandelte, zu seinem Vater im Himmel betete und seine Lehre den Menschen verkündete. Die Menschwerdung Gottes, die Gottessohnschaft und die Dreieinigkeit gehören zwar zu den rätselhaftesten Teilen der christlichen Lehre, aber im Angesicht dieses Jesus, den wir aus dem Evangelium kennen, können wir die theologischen Geheimnisse und Verwicklungen vergessen. Jesus wird unser theologisches Wissen nicht abfragen; er liebt uns mit allen unseren Gebrechlichkeiten und unserem Elend, will, daß wir ihn lieben, und befiehlt uns, zum Vater zu beten. Den Rest erfahren wir vielleicht am anderen Ufer, vielleicht aber auch dort nicht.

Die theologischen Verwicklungen darf man vergessen, nicht aber die Frage nach Gott als dem Schöpfer. Die Meinung, wir alle trügen von Geburt an die »Idee« von Gott in unserer Seele, ist zwar nicht glaubwürdig, denn wäre es so, dann wäre die Existenz von Atheisten unbegreiflich; glaubwürdig ist dagegen, daß sowohl unser Denken, wenn es anmaßend das Ganze des Seins zu erfassen trachtet, als auch unser Wille nach Ordnung und unsere Sehnsucht nach Sinn gewissermaßen instinktiv danach suchen, was zugleich Schlußstein und Wurzel des Seins ist und dem Sein Sinn verleiht. Viele sprachen darüber, auch viele Atheisten wußten dies, darunter Nietzsche: Ordnung und Sinn kommen von Gott, und wenn Gott wirklich tot ist, dann reden wir uns vergeblich ein, daß der Sinn unversehrt geblieben sein könnte; die gleichgültige Leere saugt uns auf und vernichtet uns, von unserem Leben und unseren Mühen bleibt nichts zurück, keinerlei Spur hinterlassen wir im sinnlosen Tanz der Atome; das Universum will nichts, strebt nichts an, kümmert sich um nichts und spricht weder Lob aus noch verhängt es eine Strafe. Wer behauptet, daß es Gott nicht gibt und es lustig sei, belügt sich selbst.

Obwohl sich also der Glaube an Gott in der Kontinuität der Kultur erhält, obwohl er in einer ungeheuren Vielfalt an Worten und Bildern zum Ausdruck kommt, die alle von den Gebrechen unserer irdischen Existenz gezeichnet sind, ist Gott dennoch kein vorläufiges Produkt veränderlicher und zufälliger kultureller Umstände, sondern der Ort, der Verstand, Vorstellungskraft und Herz fortwährend anzieht. Er ist der, der aus sich heraus ist und in bezug auf den man nicht sinnvollerweise fragen kann: »Wer hat Gott geschaffen?«, oder »wozu existiert Gott?«

Gott, der dem Sein Sinn verleiht, muß eine Person sein; daß aber eine Person das Absolute ist, ist - wir wiederholen es - ein lähmendes und unergründliches Rätsel. Doch nicht genug damit. Er muß darüber hinaus Träger und Verteiler des Guten sein. Jahrhundertelang sollte das Böse im Menschen und das Leiden ein Beweis gegen den guten Gott sein, und jahrhundertelang haben Verteidiger des Glaubens dargelegt, daß dies kein Beweis sei: Das, was auf Grund unseres Willens geschieht, sagten sie, ist eine unvermeidliche Folge unserer Freiheit, die dazu führt, daß wir uns gegen Gott auflehnen und alle seine Gebote brechen können, aber ohne diese Freiheit wären wir keine Menschen. Das Leiden jedoch, mit dem uns die Natur selbst quält, sei - so hieß es - eine gerechte Strafe für unsere Sünden; allein diese Erklärung erschien den Skeptikern stets kraftlos, da die Verteilung des naturgegebenen Leidens ganz offensichtlich nichts gemeinsam hat mit der Verteilung und der Schwere der von uns begangenen Sünden. Man konnte indessen auch anders argumentieren, um das Problem zu erhellen: Als Gott die physische Welt erschuf, stattete er sie mit gewissen Gesetzmäßigkeiten oder Regelmäßigkeiten aus, die selbsttätig wirken, keine moralischen Rücksichten kennen und die unter anderem die physischen Leiden der Menschen hervorrufen. Und konnte er die Welt nicht anders erbauen? - wird gefragt. Wenn unsere Welt keinen Gesetzen der Physik unterliegen würde, sondern eine unendliche Reihe von Wundern wäre, mit deren Hilfe Gott uns jederzeit vor Leiden bewahrte, dann wäre dies keine materielle Welt in welchem Sinne auch immer. Könnte sie aber von Gesetzen regiert werden und uns dennoch nichts Böses zufügen? Nichts Gewisses läßt sich dazu sagen, und es fehlt uns an Phantasie, um uns eine solche Welt vorzustellen; wir ahnen gleichwohl, daß Gott nicht in dem Sinne allmächtig ist, daß Er alles mit allem in beliebigen Anordnungen verbinden könnte und uns innerhalb der Naturgesetze belassen, die selbst über unser Wohlergehen und Glück wachen würden. Wahrscheinlich muß auch Gott für alles, was Er tut, einen Preis zahlen. Es mag wohl auch wahr sein, daß Leiden eine reinigende Kraft hat, aber nicht jedes, nicht immer und nicht bei jedem. Das Christentum gebietet uns zu glauben, daß sich in jedem Leiden ein Sinn verbirgt, und obwohl wir dies nicht erkennen können, sollten wir Gott blind vertrauen, ohne Berechnung, ohne Auflehnung und ohne Verzweiflung unser Schicksal annehmen, auf das wir keinen Einfluß haben. Selig sind, deren Glauben so unerschütterlich ist.

Vielleicht ist aber Gott ganz einfach böse, vielleicht hat der Satan die Welt erschaffen und regiert sie? Es gab welche, die ebendies glaubten, und Prediger, die uns eine genaue Beschreibung der Hölle hinterließen, scheinen daran geglaubt zu haben, obwohl sie das so nicht sagten. Dennoch gibt es das Gute in der Welt, obgleich wir keine Instrumente besitzen, um das Verhältnis seiner Masse zur Masse des Bösen und des Leidens zu messen. Es gibt die Liebe, die Freundschaft, die Barmherzigkeit, die Aufopferung und die Verzeihung. Es gibt auch das Schöne und den Verstand, es gibt die Kunst, die Literatur, die Mathematik, die Musik und die ungewöhnlichen Werke der Technik. Es gibt auch so etwas wie die Freude am Dasein. Es gibt das Gute, und dieses gäbe es nicht, wenn ein boshafter Demiurg die Welt regierte. Würden wir also die Frage der Existenz oder Nichtexistenz Gottes unter Berufung auf die Gegenwart von Gut und Böse in dieser Welt, so wie sie ist, entscheiden, würde das Gute weit stärker für die Güte Gottes sprechen als das Böse und das Leiden für seine Bosheit, und zwar nicht deshalb, weil es mehr Gutes als Böses gäbe, sondern weil es das Gute überhaupt nicht gäbe, wenn Gott böse wäre, vielmehr nur ewiges Feuer in einem höllischen Dunkel.

Menschen haben immer gelitten, aber es scheint, daß das Leiden erst in unserer Zeit zu einem so offensichtlichen, so unumstößlichen Argument gegen Gott geworden ist. Wir wissen nicht, ob es jetzt mehr Leid gibt als früher, aber sicherlich empfinden wir es schmerzlicher: Jedes Leiden erscheint uns ungerecht (was eher das Ergebnis, nicht aber der Grund unseres Unglaubens ist).

Vielleicht ist uns Gott jedoch - und dafür gibt es gute Argumente in der Bibel - viel ähnlicher, manchmal gut, manchmal böse, aber dennoch niemals so böse, um die Sünder zu ewigen Qualen zu verdammen? Was indessen jenen unbegreiflichen Abgrund der Göttlichkeit betrifft, in den man lieber nicht zu blicken versuchen sollte, so haben hier die Attribute des Guten und des Bösen keinerlei Anwendung.

Von der Achtung vor der Natur

Jene Achtung, von der Kant sprach, ist keine Emotion wie Liebe, Freundschaft oder Faszination. Sie ist auch keine Überzeugung, kein intellektueller Akt. Sie liegt dazwischen und ist ein Phänomen ganz besonderer Art. Emotionen muß man nicht begründen, wenngleich man sie oft ursächlich erklären kann. Überzeugungen verlangen, wenn sie nicht offensichtlich sind, nach einer Begründung. Kann man jedoch - und wie - begründen, daß dies oder jenes Achtung verdient? Wenn mir gesagt wird, daß jeder Mensch Achtung verdient, und ich daraufhin frage: »Weshalb?«, was mag ich hören? Vielleicht: »Weil jeder ein Mensch ist«, aber wenn ich dann sage: »Na und? Was bedeutet es schon, daß der Mensch Mensch ist?«, wird mein Gesprächspartner, ein Humanist, wahrscheinlich keine gute Antwort finden.

Warum sollten wir eigentlich vor irgend etwas Achtung haben: vor Gott, einem jeden Menschen, den Moralgesetzen, der Natur, der Kunst, der Wahrheit? Vor Gott wohl deshalb, weil Er ewig ist. Vor der Wahrheit vielleicht auch deshalb, weil sie ewig ist (das heißt nicht vor jedem einzelnen wahren Satz, denn das kann man kaum verlangen, aber vor der Wahrheit als ewiger Qualität einer jeden einzelnen Wahrheit). Vor dem Menschen wohl ebenfalls auf Grund des Glaubens, daß jeder - wenngleich es uns in manchen Einzelfällen schwerfallen mag, diesen Glauben aufrechtzuerhalten - einen göttlichen Funken in sich trägt und, wie uns die Schrift lehrt, ein Ebenbild Gottes ist (nur durch den Bezug auf Gott kann der Mensch wirklich Achtung vor sich selbst empfinden, meint Hegel). Wir haben uns daran gewöhnt, die sterblichen Überreste der Toten zu ehren: Wahrscheinlich deshalb, weil sie Spuren der Personen tragen, die sie mit Leben erfüllt haben. Vor dem Leben und der belebten Natur? Vielleicht auch deshalb, weil wir darin das Werk des Schöpfers sehen. Warum sollten wir bestimmten gesellschaftlichen Funktionen Achtung zollen, unabhängig von den Personen, die sie ausüben: dem König, dem Papst oder dem Präsidenten? Nicht nur der Papst, sondern auch die Könige galten lange Zeit als von Gottes Gnaden eingesetzt. Möglicherweise geht die Achtung für das weltliche Staatsoberhaupt, das mit Sicherheit nicht als von Gott gesalbt angesehen werden kann, auf jenen, in seiner Wortwörtlichkeit längst erloschenen, aber in Spuren immer noch vorhandenen Glauben zurück.

Es scheint also, kurz gesagt, daß sich Achtung auf das bezieht, was heilig ist, und daß das Gefühl von Achtung ein blasser Abglanz jener Verehrung auch unter denjenigen ist, die Gott und jegliche Heiligkeit vergessen haben. Auf jeden Fall ist dies im Bereich des Möglichen. Überreste eines verblichenen Glaubens können den Tod dieses Glaubens lange überdauern, ohne sich der eigenen Herkunft bewußt zu sein. Sie können lange, aber nicht endlos überdauern. Die Kanones unserer Zivilisation, die christliche und biblische Wurzeln haben, verlangen von uns weiterhin Respekt vor jedem Menschen. Aber die ganz vom Geist des Rationalismus und Szientismus beherrschte Zivilisation wird nicht in der Lage sein, das Phänomen der Heiligkeit lange zu erhalten. Sie wird deshalb davon ausgehen, ohne es vielleicht in diese Worte zu fassen, daß es ihr erlaubt sei, den Menschen auf seine Funktion zu reduzieren, das heißt, daß jeder völlig ersetzbar wäre. Das wäre das Ende des Menschseins, wie wir es kennen. Vorerst mag diese Bedrohung durch den Glauben eingedämmt werden, daß das Vergnügen das höchste Gut der Welt und der größte Wert sei.

Nehmen wir jedoch an, daß jemand unsere Überlegung

noch weiterführen möchte und fragt: Warum sollten wir, vorausgesetzt, daß die Achtung vor den verschiedenen Werken Gottes ein Abglanz der Ehrfurcht vor Gott ist, und vorausgesetzt, daß Gott existiert und Schöpfer der Welt ist, Ehrfurcht vor Ihm haben? Darauf gibt es nur eine Antwort: Unsere Ehrfurcht vor Gott bezieht sich nicht auf irgendein metaphysisches Wesen, sondern auf Gott als den Sitz und Spender von Heiligkeit. Die nächstfolgende Frage, warum Heiligkeit Ehrfurcht verdient, lassen wir beiseite, da die Frage keinen Sinn hat, weil beide Erscheinungen - Ehrfurcht und Heiligkeit - miteinander zu einer Substanz verbunden sind, wenn man so sagen darf, oder zwei Seiten derselben Wirklichkeit sind, wie die Liebe und die geliebte Person.

In dieser Hinsicht sorgt eine Frage für Unsicherheit: Wie steht es um die Achtung gegenüber der Natur? Nach biblischer Überlieferung soll sich der Mensch, dem Willen Gottes entsprechend, die Natur untertan machen. Daraus läßt sich der Schluß ziehen, daß es ihm erlaubt sei, die Natur für seine eigenen Bedürfnisse auszunutzen. Dies ist unter anderem daraus ersichtlich, daß Gott uns erlaubt hat, nicht nur pflanzliche, sondern auch tierische Nahrung zu uns zu nehmen, wenngleich Er diese Erlaubnis mit einer Vielzahl von komplizierten Restriktionen und Tabus belegt hat, die das auserwählte Volk beachten sollte, deren Sinn aber, offen gestanden, rätselhaft bleibt.

Heute sagt man uns immer wieder: Habt Achtung vor der Natur, denn wenn ihr sie so rücksichtslos vernichten werdet, werdet ihr selbst zugrunde gehen. Hier werden Worte mißbraucht. Wenn wir nämlich die Natur schützen sollen, weil es um unsere Gesundheit und unser Leben sowie das Leben künftiger Generationen geht, dann brauchen wir dazu keine Achtung, sondern es genügt wohl eine nüchterne Gewinn-und-Verlust-Kalkulation. Schließlich wird niemand behaupten, daß die Destruktion der Natur, wenn sie der Menschheit zum Schaden gereicht, etwas Belangloses sei. Wenn wir jedoch ökologische Schlagworte wiederholen und sagen, daß man die Natur schützen müsse, dann hat – wie man behaupten darf – die »Achtung vor der Natur« in diesen Schlagworten keinen Sinn: Es geht um die Achtung vor der Menschheit, die Natur aber als solche verdient, unabhängig von ihrem Nutzen oder Schaden für den Menschen, keine Achtung – so ist die biblisch-kantische Einstellung. Sollte jedoch jemand behaupten, man müsse die Achtung vor der Natur als Ziel an sich verkünden, weil die Menschen eher geneigt sein werden, mit der Natur aus der Sicht der menschlichen Bedürfnisse besser umzugehen, sobald ihnen diese Achtung eingetrichtert worden ist, dann würde er sich eines gewissen Betruges schuldig machen, weil er andere Gründe und Argumente anführen würde als die, um die es sich wirklich handelt.

»Respekt vor jedem Leben« ist ein absurdes Schlagwort; es bedeutet nämlich, daß wir Respekt haben sollen vor den Tuberkelbakterien und den Pockenviren. Wir sind jedoch lebendige Organismen, keine reinen Geistwesen, und deshalb können wir nicht leben, ohne andere Lebensformen zu zerstören.

Dennoch könnte jemand einwenden: Gleichwohl denken wir mit großer Trauer an eine Erde, auf der es keine Elefanten, Tiger oder Gorillas gäbe, unabhängig davon, ob wir von diesen unseren sonderbaren Freunden oder Feinden einen Nutzen haben oder nicht. Das stimmt, aber wir haben – indem wir das so sagen – bereits einen Nutzen im Auge, und sei es auch nur den ästhetischen; die Freude an der Schönheit und Vielfalt der Natur ist schließlich ein jedem bekanntes menschliches Privileg. Wir wissen zwar, daß wir unzählige Millionen von Gattungen, deren tote Überreste Paläontologen ausgraben, niemals gesehen haben, und wir finden uns damit ab, weil es unmöglich ist, sich damit nicht abzufinden; dies ist jedoch kein Grund, um sich leichtherzig mit der Ausrottung der existierenden Gattungen abzufinden, und sei es auch nur aus ästhetischen Beweggründen.

Achtung vor der Natur als einem Wert an sich ist in den auf die Bibel zurückgehenden Religionen schwach verwurzelt, und man kommt auch ohne sie aus; gegenwärtig ist sie dagegen in verschiedenen fernöstlichen Religionen, die an die Einheit des Lebens, eines jeden Lebens auf Erden, glauben. An diesen Glaubensformen ist etwas Anziehendes und Gutes, und vielleicht wären wir wohlberaten, daraus zu lernen. Somit wird deutlich, daß die Achtung vor der Natur auf jeden Fall ein religiöser Auftrag sein kann.

Allein die Vielfalt der Natur ist für uns, wie man uns des öfteren versichert, wichtig; Wissenschaftler entdecken nämlich ständig irgendwelche unerwarteten Vorteile aus den verschiedenen Gattungen der Pflanzen und Tiere. Außerdem wehrt sich die belebte Natur eben durch ihre Vielfalt und Verschwendung vor der Vernichtung; das Leben zwängt sich überall hinein, wo es nur möglich ist, wie es bei Teilhard de Chardin heißt. Oft sind wir jedoch, ohne überhaupt an irgendeinen Nutzen zu denken, schlicht und einfach von den mannigfachen Wundern der Natur, auch der leblosen Natur, fasziniert, von ihrer Schönheit bezaubert und von dem Gefühl ergriffen, daß sie eben so ist, wie sie sein sollte, und daß wir ein Teil von ihr sind, auch wenn wir so häufig mit ihrer gleichgültigen Zerstörungskraft kämpfen müssen. Wir entdecken dann in der Natur irgendeine Spur der Göttlichkeit, obwohl wir keine Ahnung haben, welche Verbindung zwischen dieser Spur und dem vermuteten Schöpfer der Natur wirklich besteht.

Obgleich es also schwerfiele, das unbedingte Gebot der Achtung vor der Natur als solches zu begründen, verbirgt sich darin nichts Böses und nichts Verstandeswidriges. Ganz im Gegenteil, es scheint, daß wir dadurch zu einem besseren Verständnis unseres Menschseins gelangen.

Vom Aberglauben

Kaum jemand ist bereit, sich selbst als abergläubisch zu bezeichnen, obwohl wir alle inmitten von Zeichen, Vorstellungen und Gesten aufgewachsen sind, die als Aberglauben gelten und an die wir oft mehr oder minder glauben, ohne es jedoch offen zugeben zu wollen. Ich las eine Anekdote, für deren Wahrheitsgehalt ich mich nicht mit aller Sicherheit verbürgen kann, die aber amüsant ist und die Sachlage gut illustriert. Danach soll Niels Bohr, einer der bedeutendsten Physiker des 20. Jahrhunderts, an seiner Tür ein Hufeisen angebracht haben, und als er von einem Bekannten gefragt wurde, was das sei, antwortete er: »Angeblich bringt das Glück.« – »Du als Physiker kannst doch nicht solchem Aberglauben erliegen«, entrüstete sich jener Bekannte. »Nein, natürlich nicht, ich glaube nicht daran«, erklärte Bohr, »aber man sagt, daß es auch denjenigen Glück bringt, die daran nicht glauben.«

Es gibt kein Einvernehmen darüber, wie Aberglauben zu definieren sei. Der große katholische Theologe Karl Rahner meint, daß Aberglauben ein Nachäffen der Verehrung Gottes in einer Form sei, die Gottes nicht würdig ist, also des Vertrauens in Formeln und Rituale, um auf diese Weise Gottes Hilfe zu erzwingen oder die Zukunft zu erraten; es ist dies darüber hinaus auch ein dem Religiösen ähnlicher Kult mit irgendwelchen Kräften, die nicht Gott sind.

Die Kirche hat wiederholt verschiedene Formen des Aberglaubens oder dessen, was sie dafür hielt, gebrandmarkt. Die Astrologie nahm dabei eine Sonderstellung ein, da sie die Überzeugung einzuflößen versuchte, daß sowohl unser individuelles Schicksal als auch die großen historischen Ereignisse von der blinden, scheinbar natürlichen, aber zielsicher wirkenden Macht der Sterne abhinge, nicht aber von einer göttlichen Fügung. In jüngster Zeit hat sie auch spiritistische Sitzungen und überhaupt jegliche Versuche, mit den Geistern Verstorbener in Kommunikation zu treten, verurteilt und verschiedene unerklärliche Phänomene aus diesem Erfahrungsbereich als Teufelswerk angesehen. Der Glaube an den Teufel und seine Auswüchse ist kein Aberglaube, da ihn die Heilige Schrift bezeugt; gleichwohl findet sich darin nichts über einen Glauben an technische Maßnahmen, mit deren Hilfe man mit Verstorbenen in Kontakt treten könnte (Jesus, der mit Moses und Elias spricht, ist kein Beispiel dafür). Alle der überaus zahlreichen Wahrsagungstechniken werden verdammt, denn der Blick in die Zukunft ist den Propheten vorbehalten, die nicht mit eigener, sondern der Stimme Gottes sprechen. Calvin sagt schlicht und einfach: Wenn das Wort Gottes uns leitet, haben wir den wahren Glauben; wenn sich die Menschen von ihren eigenen Überzeugungen leiten lassen, haben wir es mit Aberglauben zu tun.

In der Welt des christlichen Glaubens und Brauchtums sind die Kriterien, die den Aberglauben kennzeichnen, recht klar. Für Bekenner rationalistischer oder szientifischer Ideologien ist dagegen jeglicher religiöse Glaube ein Aberglaube: der Glaube an Gott, an ein ewiges Leben, an die Wirksamkeit der Sakramente, an Wunder, Prophezeiungen oder die Göttlichkeit Jesu. Der Grund hierfür liegt wohl darin, daß keine dieser Glaubenswahrheiten mit Methoden zu authentisieren ist, die bei wissenschaftlichen Untersuchungen als rechtsverbindlich gelten. Es stimmt zwar, daß sich wissenschaftliche Ergebnisse oft verändern, aber die szientifische Doktrin als solche bleibt davon unberührt, denn die in der Wissenschaft tatsächlich begangenen Fehler sollen sie nämlich nicht treffen. Es gab eine Zeit, da hielt man den Glauben an Meteore oder, wie man sagte, herabfallende Sterne für einen Aberglauben. Über lange

Jahre galt die Akupunktur als Aberglaube, aber heute gibt es wohl keine Zweifel daran, daß sie bei vielen Erkrankungen hilfreich ist, obwohl ihre Wirkungsmechanismen sicherlich geheimnisvoll bleiben. Für Aberglaube hielt man einst alle Überzeugungen, die mit dem Dogma des allgemeinen Determinismus nicht übereinstimmten. Andererseits werden manche wissenschaftlich festgelegten Urteile mit der Zeit wieder verworfen, wodurch sie aber letztendlich nicht unbedingt als Aberglaube angesehen werden. Lange Zeit behandelte man die Tuberkulose mit Kalksalzen, bis sich herausstellte, daß die Wirksamkeit dieser Therapie gleich null ist. Sicherlich gab es irgendwelche Gründe, weshalb sie empfohlen wurde, aber offensichtlich waren diese schwach. Absolut zwingende Gründe gibt es jedoch in der Wissenschaft nicht, und man muß sich damit abfinden, daß alles dem Risiko ausgesetzt ist, gestürzt zu werden.

Nach den Regeln des Rationalismus aber bewertet man die Glaubwürdigkeit verschiedener Formen des Volksglaubens durch die Art und Weise, wie die Menschen zu diesen gelangen, oder durch deren mögliche Begründungen. Doch da beginnen bereits die Schwierigkeiten. Wir wissen nicht, wie es dazu kam, daß die Dreizehn als Unglückszahl gilt, wenngleich es hierüber gewisse Spekulationen und Vermutungen gibt, die wahrscheinlich nicht glaubwürdiger sind als der Glaube an die unheilverheißende Macht der Dreizehn selbst, die aber im Rahmen des rationalistischen Kanons zulässig sind. Wir wissen, daß diese Meinung weitverbreitet ist, was man allein schon daran ersehen kann, daß zum Beispiel Bauherren das Fatum zu überlisten versuchen, indem sie auf das zwölfte Stockwerk das vierzehnte folgen lassen oder bei der Numerierung der Wohnungen die Dreizehn übergehen. Wollte jedoch jemand eine Aufstellung machen, aus der ersichtlich wäre, daß am 13. eines jeden Monats mehr Unfälle oder Unglücke geschehen als an anderen Tagen, würde das nicht dazu beitragen, die Skeptiker zu überzeugen, die eher davon ausgingen, daß hier eine umgekehrte Kausalität am Werke ist – die Menschen fürchten diese Zahl, sind aus dem Grund nervös und verursachen deshalb mehr Unfälle. Dies beruht darauf, daß sich gewisse Ereignisse oder Mechanismen in dem in unserer Zeit verbindlichen Wissenskanon befinden, daß sie mit den Prämissen, die der Wissenschaft innewohnen, übereinstimmen, andere aber nicht. Meistens glauben wir den antiken Historikern, wenn sie Ereignisse beschreiben, für die es keine anderen Quellen gibt, wir schenken ihnen jedoch keinen Glauben, wenn es sich um Ereignisse handelt, die gegen diesen Kanon verstoßen. Nichts stört uns, an die Kriege zu glauben, die Romulus geführt haben soll, wie es bei Livius heißt, aber die Angabe, daß der Gott Mars Vater der Zwillinge sei und die beiden Knaben, nachdem sie in den Tiber geworfen worden waren, von einer Wölfin aufgezogen wurden, scheint uns in das Reich der Märchen zu gehören. Berichte von Wundern, die verschiedene Heilige wirken, gelten nicht als glaubwürdig, da ein solches Ereignis wie ein Wunder, das auf Gottes Intervention zurückgeht, keinen Platz in diesem Kanon hat. Plötzliche, unerklärliche Heilungen, wie sie in Lourdes vorkommen, können Skeptiker nicht überzeugen: Irgend etwas durch Gottes Intervention erklären zu wollen ist schlicht unmöglich, und jeder andere Erklärungsversuch ist besser.

Diese Fragen werden heute insbesondere in bezug auf sogenannte übersinnliche Erscheinungen diskutiert. Solche Erscheinungen berufen sich meistens auf eine – wie man so sagt – anekdotische Authentisierung, und es ist schwierig, technische Mittel zu ihrer Beobachtung zu finden. Ungeheuer groß ist die Zahl der Menschen, die Geistern Verstorbener begegnet sind; dennoch entziehen sich diese Geister erfolgreich allen Bitten, zahlreich bei einer Versammlung von Gelehrten, die sich wiederum entsprechende Kontrolleinrichtungen zugesichert hätten, zu erscheinen. Auch hier spielt der anerkannte Kanon eine wesentliche Rolle: Scharen von Menschen haben Geister gesehen, aber da es keine Geister gibt, konnten sich diese Menschen täuschen, Opfer von Halluzinationen oder Perzeptionen im Halbschlaf sein oder einfach phantasieren. Ähnlich verhält es sich mit anderen Phänomenen. Unzählige Menschen haben Begegnungen mit einer anderen Welt erfahren, zum Beispiel mit höheren Wesen, oder aber sie spürten unbestritten die Gegenwart Gottes; Skeptiker werden sie nicht überzeugen, denn solche Erfahrungen lassen sich anderen nicht vermitteln; sie selbst aber fühlen sich in ihrem Glauben voll bestätigt und brauchen keine zusätzlichen Versicherungen. Nahezu jeder geriet in Situationen, die eine telepathische Kommunikation suggerieren, aber auch hier ist es schwierig, ein streng kontrolliertes Experiment durchzuführen, und außerdem sind die Verfechter eines rationalistischen Kanons gar nicht daran interessiert, weil sie von vornherein wissen, daß Telepathie unmöglich sei, man sie mit technischen Mitteln nicht programmieren könne. Auch wenn bei Experimenten mit den sogenannten Zener-Karten, bei denen zufällige Koinzidenzen äußerst unwahrscheinlich sind, Trefferserien vorkamen, wird sich ein Skeptiker nicht bemühen, der Sache nachzugehen, da es sich um etwas Unmögliches handelt; ein Nachforschen erübrigt sich; sogar in einem streng kontrollierten Experiment lassen sich stets irgendwelche möglichen Lücken finden, und die Wiederholung eines Experiments gelingt nicht immer. In solchen Fällen wirkt vielleicht - um sich des Titels eines diesbezüglichen Werkes von Maeterlinck zu bedienen - ein *Unbekannter Gast*, irgendwelche Energien, die sich nicht zu einer systematischen Exploitation einspannen lassen, wie dies mit elektromagnetischen Wellen möglich ist, sondern die sporadisch, unerwartet auftreten und wieder verschwinden. Dennoch zeigen auch gut geschulte, wenngleich nicht fanatisch verknöcherte Rationalisten Interesse an derlei verschiedenen, sonderbaren Vorgängen: Eysenck mag ein Beispiel dafür sein – er war sowohl ein strenger Rationalist als auch ein hervorragender Deuter statistischer Angaben. Sind Vorhersagen der Zukunft möglich, das heißt solche Antizipationen, die drei Bedingungen erfüllen: Die vorhergesagten Ereignisse müssen unwahrscheinlich sein, nicht vorherzusehen auf Grund normaler Vorkenntnisse (so kann dies zum Beispiel nicht die Vorhersage sein, daß ein Staatsmann, von dem man weiß, daß er an Krebs leidet, innerhalb der nächsten sechs Monate sterben werde); zweitens müssen die Ereignisse eindeutig benannt werden und nicht in nebulöse Metaphern gekleidet sein, die sich stets auf die tatsächlichen Ereignisse anwenden lassen, wie die Prophezeiungen des Nostradamus (oder die nach gesundem Menschenverstand als nahezu sicher anzusehen wären, wie die Prophezeiungen amerikanischer Wahrsager, die ernsthaft vorhersagen, daß es in den nächsten Monaten im Nahen Osten wieder Probleme geben werde); und drittens muß feststellbar sein, daß die Prophezeiung tatsächlich verkündet worden ist und ihre Erfüllung nicht Folge ebendieser Verkündung sein konnte. So etwas kommt wirklich vor – Präsident Lincolns berühmter Traum von seiner Ermordung mag als Beispiel dienen –, aber es paßt nicht in den Kanon, und der Szientist wird es nicht erörtern; die Häufigkeit oder Vielzahl solcher Erfahrungen haben für ihn keine Bedeutung, da sich diese erstens wohl nicht planen lassen und zweitens der Mechanismus ihres Wirkens aus der Sicht der Prämissen, die wissenschaftlichen Experimenten zugrunde liegen, unbegreiflich ist. Es ist außerdem unmöglich, solche Erfahrungen in Naturgesetze umzumodeln. Häufig spielt hier die Angst vor riskanten Forschungen eine Rolle, bei denen man nicht weiß, wie man sich zu verhalten habe, und die die Gelehrten möglicherweise zu einer Revision des am stärksten verfestigten Kanons zwingen könnten, nicht selten auch die Furcht, Opfer geschickter Betrüger zu werden. Niemand zweifelt daran, daß es in diesen

Bereichen von Schwindeleien, Täuschungen, Naivität und halluzinativen Erscheinungen wimmelt, aber man sollte die Frage, ob es darüber hinaus nichts gäbe, nicht abtun, denn es finden sich ungeheuer viele Phänomene, die weder den Betrügereien noch den Illusionen zugerechnet werden können.

Mit Sicherheit ist der Wunsch nach unmittelbarem Kontakt zu übernatürlichen Kräften bei den Menschen stark ausgeprägt, und von daher gibt es so viele arme Schlucker, die plötzlich irgendeinen zufälligen Flecken mit dem Antlitz Jesu oder der Jungfrau Maria in Verbindung bringen und sich beeilen, solche außerordentlichen Ereignisse wo auch immer es geht kundzutun, wobei sie oft auf Nachfrage stoßen, obwohl sich die Kirche heute nicht danach drängt, solche angeblichen Wunder zu bestätigen oder auch nur zu überprüfen. Es gibt viele Formen des Aberglaubens, und viele davon verdienen es nicht, erforscht zu werden, höchstens in psychologischer oder soziologischer Hinsicht. Darunter gibt es so armselige wie den sogenannten Cargo-Kult, der in Jacopettis Film verewigt ist. Die Geschichte der Hexen ist, wie wir wissen, nicht gerade erbaulich, aber es gibt dennoch unter uns Menschen, hauptsächlich Frauen, die - wie sie meinen - mit magischen Kräften irgendwelche Unglücksfälle bei ihren Nächsten hervorrufen können. Sie rühmen sich ihrer Fähigkeiten meistens nicht öffentlich. Nehmen wir jedoch an, daß jemand, der daran interessiert ist, das Vertrauen einer Hexe erlangt und von ihr erfährt, wann und wem sie Böses zufügt. Nehmen wir weiter an, daß sich in der Tat herausstellt, daß den Opfern der Hexerei entsprechende Schicksalsschläge widerfahren. Ein Rationalist wird dennoch annehmen müssen, daß es sich um eine zufällige Koinzidenz handelt, und auch eine Vielzahl solcher Vorfälle wird ihn nicht dazu bringen, der Magie Glauben zu schenken.

Da also unsere Reaktionen auf ungewöhnliche Ereignisse

von bestimmten vorgegebenen Doktrinen oder Einstellungen abhängen, ist es unmöglich, eine solche Definition zu finden, die zweifelsfrei und zur allgemeinen Befriedigung entscheiden würde, was Aberglaube ist oder nicht ist. Zahlreiche und gewichtige Gründe rechtfertigen die Meinung, daß es neben den der Wissenschaft bekannten und teilweise zähmbaren natürlichen Energien gewisse Formen der Kommunikation gibt, gewisse Begabungen, die Menschen gegeben sind - sei es allen oder nur manchen, sei es immer oder nur zeitweilig -, die anders sind als die allgemein üblichen. Es ist jedoch unwahrscheinlich, daß man sich diese soweit gefügig machen könnte, um sie als wirksame, allgemein zugängliche Technik einzusetzen und ihnen einen in seinen Folgen voraussehbaren planmäßigen Aufbau zu verleihen oder sie - zumindest theoretisch - auf bekannte Phänomene zurückzuführen. Die Meinung, daß es solche Energien und Formen der Kommunikation gibt, ist zulässig; diese sind von Natur aus flüchtig, lassen sich schwer systematisieren und hängen von einer Kraft ab, die je nach eigenem Wunsch und Willen in Erscheinung tritt oder sich zurückzieht. Solche Annahmen werden stets bei denjenigen, die - falls sie überzeugt werden sollten - ihren Kanon oder ihre Ideologie ändern müßten, Wut und Empörung hervorrufen.

In der Frage, ob der Glaube an jene ungewöhnlichen Kräfte - unabhängig von seiner Echtheit oder Wirksamkeit - allgemein Nutzen oder Schaden bringt, ist es angebracht zu differenzieren. Die Hexenverbrennung war gewiß kein lobenswerter Brauch, aber sie wird nicht mehr praktiziert. Auf Holz zu klopfen, um einen Zauber abzuweisen, ist ein harmloser Aberglaube. Wenn wir überzeugt sind, daß wir diese sonderbaren Kräfte manchmal lenken können, dann hängt es von der Zielrichtung ab, ob unser Trachten gut oder böse ist. Böse ist es, sogar dann wenn es wirkungslos bleibt, wenn es anderen Menschen Böses zufügen soll. Der Glaube aber, daß es übernatürliche Kräfte gibt, die unseren redlichen Absichten wohlgesonnen sind, ist sicherlich nützlich, weil es unsere Bereitschaft stärkt, diese Absichten mit natürlichen Kräften in die Tat umzusetzen.

Vom Lachen

Die Fähigkeit zu lachen ist etwas anderes als der Sinn für Humor. Die Fähigkeit zu lachen ist eine allgemeine, den Menschen auszeichnende Eigenschaft, was schon in der Antike bekannt war und worüber auch Rabelais schrieb. Sinn für Humor kommt dagegen selten vor, denn er setzt voraus, daß der Mensch Distanz zu sich selbst gewinnen kann, eine ironische Distanz. Jeder versteht es, gehörte Witze weiterzuerzählen oder über Mißgeschicke anderer zu lachen, aber nur wenige können sich zur Selbstironie durchringen, was sowohl Intelligenz als auch eine gewisse emotionale Disziplin erfordert. Und so findet sich unter fünfzig Wichtigtuern ein Humorvoller, einer, der nicht nur zu lachen versteht wie jeder, sondern der auch über sich selbst lachen kann.

Da das Lachen ein so allgemeines Phänomen ist, nimmt es nicht wunder, daß Philosophen, Moralisten und Schriftsteller zu diesem Thema viele verschiedene Theorien produziert haben. Der neuseeländische Anthropologe Ralph Piddington nennt und bespricht in seinem diesbezüglichen Buch über fünfzig verschiedene theoretische Konstruktionen, die das Phänomen des Lachens erklären und interpretieren sollten. Die meisten davon sind natürlich nur Varianten einiger der wichtigsten Theorien. Am bekanntesten sind die Erwägungen von Hobbes, Schopenhauer, Freud und Bergson. Sie alle sollten erklären, welche Art von Situationen oder Gegenständen uns zum Lachen bewegen; manche wollen darüber hinaus ergründen, welche psychologische oder philosophische Funktion das Lachen habe.

Zu jeder Theorie, die darlegt, worauf die Lächerlichkeit beruht, lassen sich ohne Schwierigkeiten beliebig viele Beispiele finden, aber es gibt auch andere Beispiele, die sich ihr nicht zuordnen lassen. Ist Lachen das unerwartete Gefühl des eigenen Glanzes und der Überlegenheit, der Freude über die Minderwertigkeit eines anderen (wie Hobbes behauptet und in unserer Zeit Adler)? Möglicherweise ist ebendas der Grund unseres Lachens, wenn wir Filme mit Dick und Doof anschauen. Es ist ein gutmütiges Lachen, voller Sympathie für die armen Schlucker, denen es partout nicht gelingen will, durch eine Tür zu gehen oder einen Teller herüberzutragen, ohne eine Katastrophe hervorzurufen. Dem ähnelt nur teilweise das sadistische Lachen, die boshafte, manchmal gar verbrecherische Freude an der Niederlage oder den Qualen des bezwungenen Gegners. Kann man diese beiden Arten in einer Gattung vereinen, obwohl sie emotional so unterschiedlich sind? Und was hat damit beispielsweise das Lachen gemeinsam, das beim Hörer ein in einer ihm fremden Sprache vorgetragener Text hervorruft, wenn plötzlich ein Wort auftaucht, das in seiner Sprache obszön klingt? Schopenhauer behauptet, daß das Lachen eine Reaktion auf den Konflikt zwischen dem Gedachten und dem Angeschauten ist, zwischen einem abstrakten Begriff und den konkreten Objekten, die unter diesen Begriff fallen, sich aber sehr voneinander unterscheiden. Sicherlich lassen sich hierfür Beispiele finden, wenngleich Schopenhauer selbst keine anführt, wahrscheinlich um dem Leser seine eigene Überlegenheit zu demonstrieren, weil dieser Mühe hat, dies zu verstehen.

In seiner berühmten Abhandlung über das Lachen meint Bergson, daß dieses eine intellektuelle und nicht eine emotionale Reaktion auf den Kontrast sei, der entsteht, wenn das menschliche Verhalten Eigenschaften eines Mechanismus zeigt, der im Widerspruch steht zum sinnvollen, lebendigen Handeln des Menschen. Dies kommt in Komödien vor, wenn der Held gedankenlos irgendein Schema wiederholt, ohne die

Wirklichkeit und deren Veränderungen zu berücksichtigen. Ebenso ist dies der Fall, wenn jemand zum Lachen provoziert, weil er versucht, sich auf einen Stuhl zu setzen, aber auf dem Boden landet (die Kraft des Mechanismus wirkt dort, wo eine zielgerichtete Bewegung sein sollte). In der Tat könnte man unser Lachen über alte Filme mit Charlie Chaplin oft auf die Bergsonsche Weise erklären: der Kontrast zwischen Mensch und Maschine. Ja, wir können über jemand lachen, der auf dem Boden landet, anstatt sich auf den Stuhl zu setzen, aber denselben, viel krasseren Kontrast sehen wir bei einem Menschen, der vom zehnten Stockwerk auf die Straße springt, dennoch scheint dies kein lustiger Anblick zu sein. Wenn Groucho Marx eine angezündete Zigarre auf einen Sessel wirft, auf den sich eben eine elegante, ältere Dame niederlassen soll, dann ist das lustig; nicht mehr lustig wäre es jedoch, wenn er sie mit Benzin übergösse und anzündete. Somit belustigt uns nicht jeder derartige Kontrast. Andererseits ist nicht ganz klar, wie man Bergsons Schema beispielsweise für das Lachen anwenden sollte, das der Betrüger hervorruft, der einen »Liebestrank« in Donizettis gleichnamiger Oper verkauft.

Ich weiß nicht, ob es möglich ist, eine glaubwürdige Theorie aufzustellen, die all die unzähligen, ein Lachen hervorrufenden Situationen in ein Schema fassen könnte, abgesehen natürlich von der offensichtlichen Tatsache, daß Lachen stets mit einem Gefühl von Freude in Verbindung gebracht wird. Der Verfasser des von mir bereits erwähnten Buches meint, daß es ein elementares Lachen gebe, das einfach unsere Gemütsverfassung zum Ausdruck bringe, wonach sich in unserem Umfeld nichts verändern müsse, und daß wir zufrieden sind mit den Dingen, so wie sie sind. Andere Arten des Lachens beruhen darauf, daß man gleichzeitig zwei einander widersprechende Eigenschaften einer bestimmten Situation zuschreibt, das Lachen aber soll gewissermaßen durch Kontrast die gesellschaftliche Sanktion, der sich die eine oder die andere Beurteilung erfreut, bestätigen. Sicherlich lassen sich auch dafür viele Beispiele anführen, obgleich man hier ebenfalls Zweifel haben darf, ob diese Theorie ausnahmslos anwendbar wäre.

Zum Lachen kann uns bekanntlich ganz einfach die Berührung mit etwas Ungewöhnlichem bringen, das aber weder eine Bedrohung bedeutet noch Angst hervorruft. Kinder, in der Regel grausam, lachen, wenn sie einen zwergwüchsigen, einen außerordentlich großen oder einen buckligen Menschen sehen. Auflachen werden wahrscheinlich auch die meisten Menschen, wenn sie zum ersten Mal den Namen eines Städtchens auf der Insel Anglesy in Wales (ich war dort) hören, der folgendermaßen lautet: Llanfairpwllgwyngyllgegerychwyrndrobwllantysiliogogogoch. Es dürfte jedoch schwerfallen, hier einen Konflikt zweier Beurteilungen zu finden oder gar Zufriedenheit damit zu konstatieren, daß die Dinge sind, wie sie sind.

Es stimmt wohl auch nicht, daß das Lachen eine rein intellektuelle, von der Emotion unabhängige Reaktion sei. Stellen wir uns vor, daß ein Fußballspieler durch eine ungeschickte Bewegung den Ball in das eigene Tor schießt: Natürlich wird sich die Hälfte der Zuschauer, die Fans der Gegenmannschaft, vor Lachen biegen, während die andere Hälfte vor Wut tobt.

Lachen ist mit Sicherheit wichtig, sofern es uns deutlich macht, daß die Wirklichkeit nicht allzu gefährlich, da nicht allzu ernsthaft ist. Mein verstorbener Kollege, ein Jude aus Lodz, verbrachte seine letzten Wochen in Auschwitz damit, die Leichen der Vergasten in die Krematoriumsöfen zu schieben. Die Häftlinge, die das taten, sollten selbstverständlich in Kürze selbst getötet werden, aber eine Zeitlang wurden sie gebraucht. Es waren dies bereits die letzten Tage des Lagers, und wie durch ein Wunder blieb er am Leben. In den darauffolgenden Jahrzehnten beschäftigte er sich mit dem Erzählen von Witzen und humoristischen Geschichten sowie der Herausgabe verschiedener Sammelbände in polnischer und später, nach seiner Emigration, in deutscher Sprache: *Jüdischer Humor, Humor in den kommunistischen Ländern, Humor im Dritten Reich.* Wenige Tage vor seinem Tod habe ich telefonisch mit ihm gesprochen - er konnte es nicht lassen und erzählte mir einen Witz. Ich habe ihn niemals nach dem Zusammenhang zwischen seinen Erfahrungen im Vernichtungslager und seiner späteren Karriere als Witzbold gefragt, aber ich vermute, daß dies eine Art war, sich nach den furchtbaren Erlebnissen in jener Zeit des Grauens eine Quasiwirklichkeit zu schaffen, die nicht ernst zu nehmen ist und deshalb akzeptiert werden kann.

Gefährliche und schwierige Situationen schließen bekanntlich Humor und Lachen nicht aus - Humor kommt unter den Soldaten an der Front vor, im Gefängnis, in Besatzungszeiten und selbstverständlich in den kommunistischen Ländern. Wahrscheinlich ist dies jedoch nur unterhalb einer gewissen Gefahrengrenze möglich: Ich habe meine Zweifel, ob in Konzentrationslagern oder unter den zum Tode Verurteilten Humor möglich war und existierte. Dort, wo es noch Hoffnung gibt, kann der angesichts einer Gefahr ausgelöste Streß teilweise durch die Verdeutlichung der komischen Seite dieser Situation abgemildert werden; wo aber schon jegliche Hoffnung abgestorben ist, wird man sich schwertun mit Humor.

Nachstehend zwei Beispiele für den in kommunistischer Zeit verbreiteten Humor über ideologische Themen: Vor der Aufnahme in die Partei wird der Kandidat einer kleinen Prüfung unterzogen. »Genosse, sag uns, worin besteht der Unterschied zwischen dem Kapitalismus und dem Sozialismus?« - »Im Kapitalismus herrschen Unterdrückung, Unfreiheit, Elend, Ungleichheit, Haß zwischen den Völkern und Kriege, im Sozialismus dagegen Freiheit, Gleichheit, Freundschaft zwischen den Völkern, Friede, Wohlstand und moralische Einigkeit.« - »Sehr gut, Genosse, und nun die zweite Frage:

Welches ist die Hauptaufgabe, vor der das sozialistische Lager steht?« – »Die Hauptaufgabe besteht darin, den Kapitalismus einzuholen und zu überholen.« Das andere Beispiel: Ein Parteimitglied wird wegen irgendwelcher Abweichungen kritisiert und rechtfertigt sich: »Genossen, ihr habt recht, ich habe verschiedene eigene Ansichten, aber ich bin mit ihnen ganz und gar nicht einverstanden!«

Diese Beispiele zeigen, wie sich eine mit Zwang in die Köpfe eingetrichterte Ideologie als sinnentleert und lächerlich erweist, wodurch der Druck, den sie ausübt, geringer ist, als man annehmen möchte.

Angeführt seien noch zwei Beispiele jüdischen Humors, der Beerdigungen zum Gegenstand hat, also Situationen, die an sich nicht zum Lachen bewegen: Ein schrecklicher, von allen Bewohnern der Umgebung verhaßter Wucherer wird zur letzten Ruhe gebettet, und der Rabbiner muß irgend etwas Positives an seinem Grab sagen, weiß aber nicht, was. Schließlich bekundet er: »Ihr erzählt mir, daß Abraham ein Blutsauger, Dieb und Betrüger gewesen sei, ich aber sage euch, daß er im Vergleich zu seinem Partner Chaim noch ein recht ordentlicher Mensch war.« Die zweite Anekdote: Eine sterbende Jüdin sagt zu ihrem Mann: »Hör zu, Pinkus, ich sterbe, und ich bitte dich, bei der Beerdigung mußt du zusammen mit meiner Mutter gehen, als wenn ihr die besten Freunde wäret. Ich weiß, daß du sie nicht ausstehen kannst, aber bei meiner Beerdigung mußt du eben so tun als ob.« – »Nun, Sara«, antwortete der Mann, »wenn du es so möchtest, werde ich es tun, aber ich sage dir eins, an dieser Beerdigung werde ich keine Freude haben.«

Es scheint, als könnte das Unglück sogar in seinem traurigsten Ritual irgendwie gemildert werden, wenn man ihm seinen Ernst teilweise nimmt.

Tiere brauchen wohl keinen Humor, weil ihre Reaktionen bei Gefahr vom Instinkt geleitet werden, aber die Menschen wissen, daß zwischen einer Situation und ihren Reaktionen eine Distanz besteht, und so zähmen sie die Gefahr - falls sie die Situation nicht in völlige Panik treibt, wo keinerlei Überlegung mehr möglich ist -, indem sie sie lächerlich machen. Das Lachen ist also eine wunderbare Erfindung der Natur oder Gottes (denn Gott hat, zumindest nach dem Talmud, Sinn für Humor), da uns ja die Welt im Grunde genommen nicht freundlich, sondern eher feindlich gesonnen ist und wir deshalb diese Feindseligkeit mit Humor abschwächen müssen.

Vom Terrorismus

Mörderische Verschwörungen, gelungene oder mißlungene Attentate auf Machthaber und Könige, Strafexpeditionen - all das haben wir, mit Herodot beginnend, im Geschichtsunterricht durchgenommen. Dabei können wir uns des Eindrucks nicht erwehren, daß der Terrorismus, von dem wir heute tagtäglich in den Zeitungen lesen, etwas völlig anderes sei als die Taten des Brutus, des Ravaillac (des Mörders von Heinrich IV.) und sogar die von Schelabow (der Zar Alexander II. getötet hatte). Wie soll man diese Andersartigkeit beschreiben?

Häufig hören wir von Journalisten folgende Überlegung: Derselbe, der von den einen für einen Terroristen gehalten wird, wird von anderen als Freiheitskämpfer angesehen. Demnach hieße dies, daß die Tatsache, ob etwas oder jemand diese Bezeichnung verdiene, schlicht vom Blickwinkel und der Ideologie des Betrachters abhinge, der mit der einen Seite sympathisiere und der anderen feindlich gesonnen sei, daß es also unmöglich sei, technische, von Ideologie und Sympathie unabhängige Kriterien aufzustellen, die den Terrorismus bezeichnen.

Mir scheint jedoch, daß es sich nicht ganz so verhält. Terrorismus ist ein Begriff, dessen Assoziationsumfeld eindeutig negativ ist, und so ist es wohl möglich, den Kontext zu beschreiben, in dem dieser Begriff rechtskräftig verwendet wird, und jenen, in dem er überhaupt nicht zur Anwendung kommt. Warum bezeichnen wir polnische oder jugoslawische Partisanen, die während des Krieges gegen die deutschen Besatzer kämpften, nicht als Terroristen, wohl aber die IRA-Kämpfer oder die Attentäter auf Korsika? Der Grund hierfür ist leicht zu finden, und er macht uns das wichtigste Kriterium deutlich, das den Terrorismus vom bewaffneten Kampf für eine gute Sache unterscheidet. Dieses Kriterium ist der Status der Macht, die auf bewaffnete Weise bekämpft wird, und zwar ihre Rechtmäßigkeit oder das Fehlen ebendieser. Es ist offensichtlich, daß die blutige Herrschaft der Nationalsozialisten in Polen oder in Jugoslawien nach allen denkbaren Merkmalen und Maßstäben keine Rechtmäßigkeit besaß und der Kampf gegen sie mit Mitteln der Gewalt durchaus gerechtfertigt war. Deshalb nennen wir diejenigen, die sie bekämpften, nicht Terroristen. Nordirland oder Frankreich sind dagegen Länder, in denen die Regierungen demokratisch legitimiert sind, so daß die Bürger ein Instrument in der Hand haben, um die Regierungen ohne Blutvergießen, auf friedliche Weise zu ändern; außerdem können sie sich auch, da sie über bürgerliche Freiheiten verfügen, straflos und lauthals für alle erwünschten politischen Änderungen einsetzen. Terroristische Angriffe auf einen solchen Staat haben, ob individuell oder in Massen, keinerlei Rechtfertigung.

Sie können jedoch auch historisch zu erklären sein, was bei Terrorangriffen nationalistischer Bewegungen meistens der Fall ist: Irland wurde in der Tat von den Engländern unterdrückt und gequält, und die nationalen Bestrebungen der Iren wurden mit Füßen getreten; andererseits stimmt es aber auch, daß es niemals einen irischen Staat gegeben hat, der die ganze Insel umfaßt hätte; allein unter der Krone war die Insel »vereint«. Auch die Basken, die niemals einen eigenen Staat gehabt haben, sind unterdrückt worden. Ihr gegen die spanische Demokratie gerichteter Terrorismus ist heute völlig hoffnungslos und entbehrt jeglicher Rechtfertigung. In jeder Hinsicht ungerechtfertigt waren erst recht die terroristischen Gruppen der sechziger und siebziger Jahre in Deutschland, Italien oder den Vereinigten Staaten von Amerika, die glücklicherweise - zumindest vorerst - zerschlagen sind. Wie auch immer man diese Auswüchse psychologisch zu erklären versuchte (in Deutschland sprach man von der »vaterlosen Gesellschaft«), sie bezeugten, daß die Welt der traditionellen Werte erheblich ins Wanken geraten war und die Bande zwischen den Generationen manchen Riß erlitten hatten; von einer diese Bewegungen motivierenden Ideologie zu sprechen, erübrigt sich - sie war grotesk und unwichtig.

Das erwähnte Kriterium, das die gerechtfertigte Anwendung von Gewalt gegen die Staatsmacht von der ungerechtfertigten unterscheidet, ist in der Praxis leider nicht so leicht und eindeutig festzulegen, wie es auf den ersten Blick erscheinen mag. Schließlich könnte man meinen, daß eine Staatsgewalt rechtmäßig ist, wenn sie international anerkannt wird. Aber der UNO gehörten schon immer und gehören weiterhin Staaten an, in denen Tyrannen, Henkersknechte und des Völkermordes Beschuldigte die Macht ausüben. Den Tyrannenmord akzeptieren viele hervorragende Schriftsteller, Philosophen und Moralisten, einschließlich der mittelalterlichen christlichen Theologen, die sich auf biblische Beispiele beriefen, wie Johannes von Salisbury; in der Tat scheint dieser mit dem Naturrecht übereinzustimmen. Wir verfügen also über kein eindeutiges Kriterium für die Rechtmäßigkeit einer Staatsgewalt, und es ist auch schwierig, eine solche Definition des Tyrannen zu finden, die niemals Zweifel hervorriefe. Das Kriterium der demokratischen Legitimation reicht auch nicht aus. Die modernen demokratischen Institutionen sind eine junge Erfindung, und schließlich waren nicht alle uns aus der Geschichte bekannten Staatsformen grausame Tyranneien; das Volk hat auch nur selten die Rechtmäßigkeit der Herrschaft in Frage gestellt; auf jeden Fall muß man unter den nichtdemokratischen Staatsformen bessere und schlechtere unterscheiden; dort aber, wo demokratische Institutionen bestehen, sind sie manchmal so schwach und von Korruption zerfressen, daß nur wenig übrigbleibt von dem Papier, auf dem die Verfassung niedergeschrieben ist. Wie in allen Dingen dieser Welt muß man also die Gegenstände unserer Erwägungen und Wertungen einer Einstufung unterziehen – beginnend mit jenen, die eine Gewaltanwendung gegenüber der Staatsgewalt sicherlich nicht rechtfertigen, bis hin zu solchen, wo diese wohlbegründet ist; dennoch werden wir auf viele dazwischen liegende Fälle stoßen, bei deren Bewertung wir ins Schwanken geraten und bei denen ideologische Sympathien oder Antipathien ins Gewicht fallen.

Daraus, daß die Anwendung von Gewalt gegen einen tyrannischen Staat, der jeglicher Rechtmäßigkeit entbehrt, bisweilen gut begründet sein mag, ergibt sich noch lange nicht, daß diese auch erfolgreich die angestrebte Veränderung durchsetzen kann. Meistens bleibt sie vergeblich. Die russischen Terroristen des 19. Jahrhunderts verfügten über wohlbegründete Rechtfertigungen für ihren Kampf, aber ihre spektakulären Attentate haben weder das Zarentum zum Besseren verändert noch die erträumte Revolution hervorgerufen. Als die Revolution dann schließlich ausbrach, hatte sie ganz andere Ursachen und legte bald die Fundamente unter einen Staatsterror, wie er in diesem Ausmaß bis dahin in der Geschichte wohl unbekannt war. Die Terroristen des 19. Jahrhunderts sprachen von einer Revolution, aber es fällt schwer, ihren Antizipationen und Träumereien einen klaren Inhalt zu geben. Ich erinnere an Chagalls Gemälde mit dem Titel »Revolution«. Man sieht darauf zwei alte Juden, die auf dem Kopf stehen und die Thora lesen; jeder möge dieses Bild interpretieren, wie ihm beliebt.

Mehr noch, terroristische Mittel führen unweigerlich zu pathologischen Erscheinungen. Die Terroristen der »Narodnaja Volja«, der »Volksfreiheit«, waren meistens, soviel wir wissen, voller Mut und Opferbereitschaft für die Sache des Volkes; in der überwiegenden Zahl der Fälle ähnelten sie vielleicht nicht so sehr denen aus Dostojewskis *Dämonen* als vielmehr denen aus Camus' Drama *Les Justes* (obwohl Dostojewski die Sachlage besser kannte als Camus). Eines ihrer berühmtesten ideologischen Dokumente - Sergej Netschajews *Katechismus eines Revolutionärs* - ist jedoch das Muster einer Pathologie, der die Befürworter der revolutionären Gewalt, und sei sie auch gerechtfertigt, erliegen: Es handelt sich hierbei eigentlich um den Aufruf an einen Revolutionär, sich aller menschlichen Eigenschaften vollständig zu entledigen und freiwillig zu einer gedankenlosen Maschine machen zu lassen, die von einer nebulösen Doktrin angetrieben wird.

Eine weitere, für die Beurteilung notwendige Unterscheidung betrifft die Art der Terrorakte - anders sehen wir diese, wenn sie sich gezielt gegen Personen richten, die Macht ausüben oder den Machtapparat repräsentieren, und anders, wenn zufällige Menschen deren Opfer werden und das Ziel des Anschlags darin besteht, Angst in der Bevölkerung zu säen. Der Terror der Palästinenser spielt sich in der Regel eben nach diesem Muster ab: Es geht darum, möglichst viele zufällige Opfer zu treffen (begünstigt wird dies durch den häufig selbstmörderischen Charakter dieser Anschläge, der auf dem Glauben des Attentäters beruht, daß er sofort in das im Koran verlockend beschriebene Paradies eingehen werde). Die Palästinenser haben für ihren Kampf eine Rechtfertigung, und sie haben ihre Gründe, die westlich des Jordan gelegenen Gebiete als vom Staat Israel besetzte Territorien anzusehen; sie untergraben jedoch die Rechtfertigung für ihre Forderungen, wenn sie diese mit solchen Mitteln durchzusetzen versuchen; übrigens sollte man nicht vergessen, daß das (heute aufgegebene) anfängliche Ziel ihres Kampfes nicht die Bildung eines palästinensischen Staates auf diesen zuvor zu Jordanien gehörenden Territorien war, sondern das - wie sie sagten - Abdrängen der Juden ins Meer und die Zerstörung des Staates Israel. Andererseits ist es angebracht, auch daran zu denken, daß die Juden in den vierziger Jahren in ihrem

Kampf gegen die britische Herrschaft ebenfalls zu terroristischen Mitteln griffen, den Staat Israel jedoch nicht diesem Terror zu verdanken haben, sondern der internationalen Unterstützung (die eher durch die frische Erinnerung an die Judenvernichtung veranlaßt wurde als durch die Tatsache, daß diese vor Jahrhunderten dort gelebt haben; in der Tat ist die Abzahlung von Schulden, die vor zweitausend Jahren aufgenommen wurden, als Regel nicht unbedingt empfehlenswert). Auch jüdische Terroristen treten manchmal noch weiterhin in Erscheinung, wie wir wissen. Die Verknüpfung von Forderungen und Gegenforderungen, von Haß und Ressentiments ist so stark, daß nur wenig Hoffnung besteht, die Probleme in naher Zukunft nach dem Wunsch der Menschen zu lösen, die guten Willens sind und die sich auf beiden Seiten finden lassen.

Schließlich müssen wir zwischen einer Gewalt unterscheiden, die sich gegen eine fremde, aufgezwungene Besatzungsmacht richtet, und einer solchen, die gegen die eigene Staatsführung auftritt. Die erste verfügt von allen Formen der Gewalt über die beste Rechtfertigung, was jedoch nicht bedeutet, daß sie in der Regel im Erfolg ihre Begründung fände. Der bewaffnete Kampf gegen die nationalsozialistische Besatzung war voll und ganz gerechtfertigt, aber die Tötung einzelner Soldaten des Besatzers hatte beispielsweise keinen Sinn; dies führte zu keiner Schwächung des Feindes, hatte aber massenhafte, blutige Repressionen zur Folge. Der Warschauer Aufstand war nicht ohne Aussicht auf Erfolg, auch wenn es später, nach seiner Niederdrückung, so leicht war, ihn zu kritisieren und zu verdammen; es handelte sich dabei um keine Verzweiflungstat, sondern um eine wohlüberlegte Aktion, die unter anderem wegen der verweigerten Hilfeleistung von seiten der Sowjetunion nicht gelang. Als der Kampf bereits tobte, mußte das Kommando der Heimatarmee der Bevölkerung fälschlicherweise sagen, daß der Aufstand Teil des strategischen

Plans der Alliierten sei und als solcher gelingen müsse. Dies war jedoch eine im Krieg übliche Form, durch falsche Informationen Mut zu machen.

Das Problem des Terrorismus hat demnach verschiedene Zweideutigkeiten: Terroristische Aktionen können moralisch gerechtfertigt sein, wenn sie sich gegen eine offen unrechtmäßige und grausame Tyrannei richten oder gegen eine Besatzungsmacht und wenn ihre Ziele genau festgelegt, nicht aber zufällig sind. Nur selten sind jedoch terroristische Aktionen in dem Sinn erfolgreich, daß sie zu der erstrebten gesellschaftlichen Veränderung führen. Die Königs- und Tyrannenmörder haben nichts erreicht, außer einer Eintragung ihrer Namen in die Chroniken oder vielmehr in die historischen Anmerkungen. Terroristen gelangen gewöhnlich nicht an die Macht, wenn dies aber dennoch hin und wieder geschieht, dann bilden sie meistens terroristische Herrschaftsformen. Dennoch wird der Terrorismus weiterbestehen, obwohl die historischen Erfahrungen nicht für ihn sprechen, weil es keinen Grund gibt anzunehmen, daß Ungerechtigkeiten und die enormen Vorräte an Haß verschwinden würden. Mit Sicherheit wäre es besser zu verhandeln als zu schießen, aber Tyrannen lassen sich häufig zu Verhandlungen nicht zwingen, so daß zu den Waffen gegriffen werden muß. Es gibt also auch in dieser Frage keine klaren und universell gültigen Richtlinien.

Vom Sex

Angeblich – zumindest behaupten dies meine Bekannten – haben schon irgendwelche Menschen über Sex geschrieben oder gesprochen. Mag sein. Aber dies soll uns nicht abschrecken.

Eine, wenngleich wichtige, Frage liegt mir am Herzen, und sie läßt sich erörtern am Beispiel des bekannten Films von Scorsese, in dem Jesus am Kreuz von sexueller Begierde ergriffen wird: Er möchte sich mit Maria Magdalena in Liebe vereinen. Ich habe diesen Film nicht gesehen. Wie zu erwarten war, hat er unter den Christen einen Sturm der Entrüstung wegen Gotteslästerung und Heiligenschändung hervorgerufen. In Paris wurde das Kino, in dem er gezeigt wurde, niedergebrannt. Man könnte jedoch argumentieren, daß die Idee selbst trotz allem nichts Gotteslästerliches an sich hat, obgleich sich der Regisseur sicherlich von nichts anderem leiten ließ als der Hoffnung auf einen Skandal, der bedeutende Geldmittel zum Fließen bringt. Laut christlicher Lehre, und übrigens auch nach dem Zeugnis des Neuen Testaments, war Jesus voll und ganz Mensch, in allem uns gleich, außer der Sünde. Plagen wir uns jetzt nicht mit der Frage der zwei Naturen Jesu. Da er Mensch war, hatte er alle physischen Eigenschaften eines Menschen. Wir wissen, daß er öfters hungrig, durstig oder müde war und daß er physischen Schmerz empfand. Die gnostischen und manichäischen Vorstellungen, nach denen der Körper eine Erfindung des Teufels sei und demnach Jesus kein körperliches Wesen sein konnte, widersprechen Geist und Buchstaben des Christentums. Somit kann man zu der Überzeugung gelangen, daß sich nichts

Häretisches oder Schmähendes hinter der Annahme verberge, Jesus habe auch sexuelle Wünsche empfunden, wenngleich davon in den Evangelien nicht die Rede ist.

Ein schwaches Zeugnis würde sich jedoch derjenige ausstellen, der unter Berufung auf diese Erklärung behaupten wollte, er verstünde die Entrüstung nicht. Wir verstehen sie nämlich alle, sogar dann, wenn wir sie nicht unbedingt teilen.

Die Ziele, die die Natur verfolgte, als sie sich die geschlechtliche Vermehrung ausdachte, sind beileibe nicht offensichtlich, und Beobachter der Evolution stellen hierzu verschiedene Hypothesen auf (man könnte sich vorstellen, daß andere Vermehrungsmechanismen erfolgreicher wären). Die enorme Vielfalt sexueller Praktiken beim Menschen ist jedoch ein Werk der Kultur, nicht der Natur, und man kann sie ebensowenig aus den Postulaten der Natur deduzieren, wie man aus der Tatsache, daß uns die Natur befohlen hat, uns zu ernähren, das Menü aller Pariser Restaurants und die Regeln des Savoir-vivre bei Tisch entnehmen könnte.

Sex unterscheidet sich von anderen physiologischen Seiten unseres Daseins. Es ist keine Fügung der Natur, sondern der Kultur, daß wir unsere Erfahrungen im Bereich des Essens anders ausdrücken als in sexuellen Dingen. Wir können öffentlich zugeben, daß wir Hunger haben, aber wir werden uns hüten, sexuellen Hunger öffentlich kundzutun. Man darf in aller Öffentlichkeit essen, aber öffentlich Sex zu betreiben ist wohl in allen Kulturen verpönt; dieses Verbot gehört zu den konstitutiven Merkmalen der Humanisierung; es drückt die Fähigkeit aus, den eigenen Körper wie eine Sache zu betrachten, also letztendlich die Fähigkeit, den Körper von sich selbst zu unterscheiden; ohne Aufstellung dieses Tabus hätte die Menschheit wahrscheinlich ihren tierischen Zustand nicht verlassen. Andere Restriktionen, Gebote und Verbote (außer der Blutschande, der Vergewaltigung und der Pädophilie) können als zivilisatorisch und historisch veränderlich angesehen werden, wie uns zum Beispiel Historiker, die sich mit den Kulturen Indiens und Chinas beschäftigen, erklären.

Bei der täglichen Konfrontation mit allen möglichen Formen von Wahnsinn, Verbrechen und Unglück, die Sex hervorruft, sowie mit deren Beschreibung in fast allen Meisterwerken der Literatur und Kunst kommen wir leicht zu der Schlußfolgerung, daß es im Menschen keinen stärkeren Trieb gäbe. Unklar ist jedoch, wie wir die relative Macht der verschiedenen instinktiven Energien beurteilen könnten. Ohne Essen stirbt man, ohne zu kopulieren, stirbt man aber nicht.

In der christlichen Zivilisation ist Sex bekanntlich nicht nur mit verschiedenen zusätzlichen Tabus belegt, sondern gilt auch als die am stärksten vergiftete Quelle der Sünde. Die Frage sei gestattet, inwiefern und inwieweit nicht allgemeine, sondern einer bestimmten Zivilisation eigene Tabus mit anderen Besonderheiten der jeweiligen Zivilisation eine Verbindung eingehen. Das Tabu der Blutschande, das wohl überall anzutreffen ist (wenngleich es unterschiedlich definiert wird), läßt sich vielleicht damit erklären, daß es die Existenzgrundlage der Familie mit ihrer Hierarchie der Generationen und der Arbeitsteilung bildet, die Familie aber die wirksamste Institution war, die dem Fortbestand der Kultur und der Weitergabe ihrer Güter diente. Haben die besonderen Regeln im sexuellen Bereich, die sich in der christlichen Zivilisation herausgebildet haben, einen Zusammenhang mit den Errungenschaften dieser Zivilisation auf dem Gebiet der Wissenschaft, Literatur, Kunst und später der Technik? Wir können darüber spekulieren, aber es dürfte schwerfallen, einen solchen Zusammenhang zu beweisen, da man so viele andere Umstände berücksichtigen müßte (das Eigentumssystem, die Struktur der Kirche, die demographischen Bedingungen, das Klima und so weiter), deren relative Bedeutung sich jeder Messung entzieht. Dabei geht es, wie zu bemerken sei, nicht darum, ob und wie oft diese Regeln übertreten wurden, sondern darum, ob sie grundsätzlich in Frage gestellt wurden. Fast alle Tabus christlicher Provenienz wurden erst zu unserer Zeit, in den letzten Jahrzehnten, grundsätzlich in Frage gestellt. Das, was einst schamhaft und geschäftig verborgen wurde, also die sogenannten sexuellen Abweichungen, insbesondere der Homosexualismus, wird in aller Öffentlichkeit manifestiert und fast nirgends auf den früher oder gegenwärtig christlichen Gebieten gesetzlich belangt, das Wort »Abweichung« aber stößt im Vokabular politischer Korrektheit auf Verdammung. Voreheliche Sex wird nahezu allgemein akzeptiert; die Kirche erinnert zwar an die traditionellen Verbote, aber sie wettert nicht streng, sondern sie tut dies schwach und ohne Überzeugung; beinahe überall leben Paare ohne Trauschein und stehen offen dazu. Die Großfamilie mit mehreren Generationen ist im Schwinden, Scheidungen dagegen sind weitverbreitet. Ehebruch gilt zwar nicht als etwas Lobenswertes, aber auch hier ist die Nachsicht groß.

Das Christentum hat verschiedene Bereiche menschlicher Aktivitäten und des Lebens geheiligt: Speisen werden manchmal gesegnet, und vor dem Essen werden Dankgebete gesprochen; verschiedenen Berufen und Lebenssituationen wird kirchlicher Segen erteilt, und sie werden der Obhut eigens zu diesem Zweck auserwählter heiliger Fürsprecher anvertraut (es gibt sogar, wie ich erfahren habe, Heilige, die auf den Schutz von Geflügel und Vieh spezialisiert sind). Eine solche Heiligung hat jedoch der Sex nicht erfahren; es gibt keine Gebete, die den Liebesakt segnen; es gibt keine Rituale für den Reifungsprozeß. Die Ehe ist zwar in der römisch-katholischen Kirche ein Sakrament, aber dadurch wird nicht so sehr der Sex geheiligt als vielmehr überhaupt erlaubt; dies ist ein Zugeständnis an unsere sündhafte Natur und soll nicht der Lust, sondern der Vermehrung dienen. Heute berufen sich Theologen, wenn sie auf diese Dinge und die von der Kirche geforderten Restriktionen zu sprechen kommen, meistens darauf, daß der Sex Ausdruck ehelicher Liebe sein soll, die uns erhebt und bereichert, und nicht schlicht der Lust und daß er eben dadurch in gewisser Weise geadelt wird. Dies war jedoch nicht der typische Sprachgebrauch früherer Zeiten. Seit dem heiligen Paulus und den großen Kirchenvätern – Tertullian, Hieronymus und Augustinus – war klar, daß ein Leben in Keuschheit für den Christen am wünschenswertesten erscheint, und der heilige Augustinus bat Gott in seinem berühmten Gebet, er möge ihm die Gabe der Keuschheit verleihen, aber noch nicht jetzt. Klar war auch, daß es, falls Sex vor der Erbsünde zur Anwendung gekommen sein sollte, keine sündhafte Begierde gegeben habe, die ja die eigentlich düstere Seite sexueller Handlungen sei. In der Tat hat die Kirche eine eigene Kategorie von Menschen – Männern und Frauen – hervorgebracht, die in ihrem eigenen Leben das institutionell festgelegte Ideal der Keuschheit verwirklichen. Zum Hohenlied, einem wunderschönen Liebesgedicht, finden sich sowohl bei den Juden als auch bei den Christen theologische Interpretationen (Dialog Gottes mit dem Volke Israel, Zwiesprache Jesu Christi mit seiner Kirche); von diesen Auslegungen wird sich jedoch der unvoreingenommene Leser nur schwer überzeugen lassen. Warum hat die christliche Zivilisation den Sex in jenen dunklen Untergrund, in eine verschämte Höhle verbannt, von der man nur in einer Atmosphäre der Entrüstung, gleichsam flüsternd sprechen durfte? An und für sich spüren wir, daß der erwähnte Zusammenhang zwischen der christlichen Sexualmoral und den zivilisatorischen Errungenschaften Europas vorhanden und von Bedeutung ist, obwohl schwer zu beweisen (die diesbezüglichen psychoanalytischen Spekulationen dürften unberücksichtigt bleiben). Wir denken dabei – ich wiederhole – an die Prinzipien und nicht an deren faktische Befolgung. Schließlich wissen wir, wie es um den Gehorsam gegenüber den kirchlichen Geboten auf diesem Gebiet bestellt ist, was ja auch in der europäischen Literatur breit behandelt wird, um nur Boccaccio, Aretin, Rabelais oder Brantome zu erwähnen, von den neueren Autoren ganz zu schweigen; allein das Vorhandensein dieser Regel ist wichtig; wichtig nicht nur wegen seiner Bedeutung für das Eigentums- und Erbschaftssystem, sondern auch wegen der Art, wie es zur Weitergabe kultureller Güter und der Arbeitsorganisation beiträgt. Somit darf vermutet werden, daß die Monogamie eine gute und wertvolle Erfindung ist, unabhängig davon, wie sie wirklich in den rein sexuellen Fragen funktioniert, und daß die intellektuellen, künstlerischen und technischen Erfolge Europas in der Monogamie eine ihrer Stützen haben.

Kinder, die von beiden Eltern erzogen werden und nicht nur durch einen Elternteil oder eine Gruppe, scheinen sich sowohl geistig besser zu entwickeln als auch emotional stabiler zu sein, insgesamt also auf das Leben besser vorbereitet.

Wie sollen wir demnach die sogenannte sexuelle Revolution beurteilen, die in den sechziger und siebziger Jahren des 20. Jahrhunderts erfolgt ist? Sie ist, soweit sie dazu beigetragen hat, Sex zu einem Gegenstand offen ausgetragener Debatten zu machen und verschiedene unsinnige Restriktionen aufzuheben, gelungen; wahr ist aber auch, daß sie dadurch zugleich zu einer ungeheuren Explosion pornographischer Literatur und Kunst beigetragen hat, zu einer Sexbesessenheit, in die unsere Kultur hineingestoßen worden ist. Sicherlich war sie auch nicht unbeteiligt am Zerfall der Familie als Institution, deren brüchiger Status unentwegt und mit verständlicher Sorge erörtert wird. Wie immer in solchen Dingen verstehen wir es nicht, eine glaubwürdige Bilanz zu ziehen.

Es wird nicht gelingen, der heutigen Welt eine solche Disziplin des Sexuallebens aufzuzwingen, wie sie sich die römisch-katholische Kirche wünschen würde. Sollte es jedoch zu einem völligen Zerfall des Familienlebens kommen, zu einem Untergang der traditionellen Bande zwischen den Generationen, dann beginnen wir uns vielleicht zu fragen, ob die gräßlichen Restriktionen alter Zeiten mit all ihrem Unglück letztendlich nicht sicherer waren, sogar unter dem Gesichtspunkt der Selbsterhaltung des Menschengeschlechts. Aber dies ist eine Spekulation, die eigentlich zu nichts führt. Es wird keine sexuelle Konterrevolution geben, außer wenn irgendeine globale Katastrophe unsere technische Infrastruktur zusammen mit einem bedeutenden Teil der Menschheit vernichtet und uns in die Zeit des Neolithikums zurückversetzt. In verschiedener Science-fiction wird ein solches Szenarium aufgezeigt, aber ich habe meine Zweifel, ob es viele Menschen gäbe, die bereit wären, Gott anzuflehen, uns eine solche Katastrophe zu bereiten.

Vom Nichtstun

Im Buch Genesis lesen wir, daß sich Gott sechs Tage lang abmühte, um die Welt zu erschaffen, und am siebten Tag ruhte. Theologen warnen uns, diese Beschreibung wörtlich zu nehmen, denn schließlich konnte die Arbeit Gott nicht ermüden: Er macht alles ohne jegliche Mühe, allein durch einen Befehl, und wenn er sich - wie wir wissen - besonderer Boten oder Vollbringer bedient, der Engel oder der Menschen, dann verbirgt sich stets eine bestimmte Absicht dahinter, irgendeine Strategie, und nicht schlicht der Wunsch, sich wegen Arbeitsüberlastung oder Zeitmangels durch Untergebene vertreten zu lassen. Gott könnte alles, was er möchte, bewerkstelligen, aber er will nicht alles alleine tun, weil es ihm lieber ist, uns zu kreativer Anstrengung und Ausbildung unserer Erfindungsgabe herauszufordern. Dieser Satz über den Ruhetag Gottes soll wohl für uns - so werden wir belehrt - ein grundlegender Hinweis für unseren Lebensrhythmus sein: Sechs Tage sollen wir arbeiten, und den siebten Tag sollen wir heiligen, das heißt, ihn eben Gott weihen. Und so war der siebte Tag, der Sabbat, sowohl bei den Juden als auch bei den Christen, nicht nur ein Tag, an dem es uns *erlaubt* war zu ruhen, sondern es war ein geheiligter Tag, an dem zu arbeiten es eine *Sünde* war. Fromme Juden haben diese Regel bekanntlich stets mit besonderem Rigorismus beachtet, und auch die Kirche hat in all den Jahrhunderten die Sündhaftigkeit des Arbeitens am Tag des Herrn betont, wenngleich mit geringerer Gewissenhaftigkeit. Die Sitten haben sich in dieser Hinsicht natürlich sehr gelockert, und obwohl ein gottesfürchtiger Christ den sonntäglichen Messebesuch als seine Pflicht ansieht, wird es dennoch wahrscheinlich nur noch wenige geben, die aus Furcht vor der Sünde an diesem Tag jegliche Beschäftigung meiden, und sei es auch nur für den eigenen Gebrauch. Man muß wohl zugeben, daß die Idee eines heiligen Tages, einer sakralen Zeit, die den Lebensrhythmus bestimmt und unsere Gedanken und Gefühle auf andere Dinge als unsere Sorgen und alltäglichen Mühen lenkt, sehr weise ist; sie ist so wichtig, daß Gott sie in ein eigenes Gebot faßte – das dritte im Dekalog – und auch der Papst sie aus guten Gründen in Erinnerung ruft. Es geht gar nicht darum, daß wir die Erholung für unsere physische Kondition bräuchten, sondern eben um die regelmäßige Unterbrechung unseres alltäglichen geschäftigen Befassens mit vergänglichen Dingen durch Meditationen über Fragen der Ewigkeit, durch Vertiefung in die unsichtbare, aber weit bedeutendere Wirklichkeit, angesichts der die weltliche Wirklichkeit lediglich ein blasser und verzerrter Reflex ist; es geht also darum, daß die den weltlichen Dingen gewidmete Zeit durch den Festtag gleichsam regelmäßig erneuert werde, so als begänne das gewöhnliche Leben nach dem Feiertag von neuem.

Dennoch fällt es uns schwer, ein gewisses Gefühl von Zweideutigkeit nicht aufkommen zu lassen, wenn wir über Arbeit und Muße nachdenken. Schließlich hat Gott erst nach dem Sündenfall und der Vertreibung aus dem Paradies Adam dazu verurteilt, den Lebensunterhalt im Schweiße seines Angesichts zu erwerben und Eva unter Schmerzen zu gebären. Aus dieser biblischen Geschichte ergibt sich eindeutig, daß Arbeit, ähnlich wie Geburtswehen, eine *Strafe für den Sündenfall* ist. Sollten wir demnach einsehen, daß Arbeit ein notwendiges Übel sei und daß wir diesen Zwang als gerechte Strafe für unsere Vergehen und Nichtswürdigkeiten ertragen müssen, daß unser Leben auf dieser Welt gewissermaßen einem Straflager gleicht und man nur schwerlich von den Bewohnern (Häftlingen) dieses Lagers, die sich notgedrungen der strengen

Ordnung unterwerfen, weil sie keinen anderen Ausweg haben, erwarten dürfte, daß sie diesen Zwang mit Freude annähmen? Wenn dem so sei, dann müßten wir davon ausgehen, daß der Aufenthalt im Paradies die beste, ja die einzig gute Art ist zu leben, da wir uns dort der ewigen Faulheit erfreuen können und uns alles sozusagen auf einem Tablett dargeboten wird, wobei alle unsere Wünsche, falls sie die Gebote Gottes nicht verletzen, in Erfüllung gehen. Andererseits lehrten uns jedoch die Theologen wiederholt, daß uns Gott dazu anleiten möchte, uns anzustrengen, erfindungsreich zu sein und unsere geistigen Fähigkeiten zu entwickeln, demnach also zu einer Arbeit, die nicht als unangenehme Strafe angesehen wird, sondern als ein Weg, sich selbst zu korrigieren und zu vervollkommnen, ein Weg des Fortschritts (falls man so verbrauchte und verdorbene Worte gebrauchen darf). In der Tat haben viele Theologen die Neugierde als Sünde verdammt, aber ohne Neugierde hätten wir mit Sicherheit den halbtierischen Zustand nicht verlassen. Sowohl völlige Faulheit als auch eine stets als Unglück und Strafe verstandene Arbeit würden uns für immer und unabänderlich auf diesem primitiven Niveau verharren lassen. Allein um den Satz des Pythagoras zu beweisen, mußte sich jener Gelehrte nicht wenig anstrengen; ließen wir uns aber alle unaufhörlich von dem Wunsch leiten, jegliche Anstrengung zu vermeiden, dann bliebe der Satz des Pythagoras unentdeckt. Andererseits kann Arbeit, die ausschließlich als etwas empfunden wird, wozu uns die Peitsche des Aufsehers zwingt, niemals kreativ sein; wäre sie also unverändert als eine solche aufgefaßt worden, dann wäre uns der Satz des Pythagoras ebenfalls unbekannt.

So gilt es also die Vorliebe zu totalem Nichtstun von einer ideenreichen Vermeidung von Anstrengung zu unterscheiden. Menschen haben das Rad, den Bogen, die Nadel, den Pflug und noch einige weitere, etwas kompliziertere Dinge erfunden (wobei die ersteren sicherlich das Werk eines außerordentlichen Genies waren). Man darf sagen, daß es sich hierbei um hervorragende Früchte der Faulheit handelt, denn wieviel physische Mühe konnte man sich dank dieser Erfindungen ersparen! In diesem Sinne ist unsere ganze Zivilisation ein Werk der Faulheit. Erfindungen, die geistige Anstrengungen ersparen, sind hauptsächlich ein Produkt unseres Jahrhunderts, obgleich noch vor den Computern zwar bescheidene, aber überaus nützliche derartige Geräte entwickelt worden sind, wie zum Beispiel der Rechenschieber oder die Rechenmaschine.

Ganz offensichtlich ist es nicht wahr, daß Menschen frei sein möchten von jeder Art physischer Anstrengung: Wozu hätten sie dann Sport und verschiedene gymnastische Übungen erdacht, zu denen sie keine Lebensnotwendigkeit zwingt? Und sogar dann, wenn wir Lust verspüren, den ganzen Tag auf dem Sofa zu liegen, ist auch dies meistens kein gedankenloses und völlig faules Herumliegen, weil wir für uns immer irgendeine Beschäftigung finden: Der eine liest, der andere schreibt Briefe oder sein Tagebuch, und wieder einer unterhält sich mit Bekannten am Telefon oder schaut fern oder greift zu irgendwelchen mehr oder minder absurden Vergnügen, so löst er zum Beispiel Kreuzworträtsel. Auch das Fernsehen oder Radiohören ist, obwohl oft als ein völlig passiver Zeitvertreib angesehen - weshalb eben auch mit Sorge nachgerechnet wird, wie viele Stunden Kinder und Jugendliche auf diese Weise verbringen -, trotz allem nicht völlig passiv, denn es verlangt eine gewisse Konzentration. Sogar ausgesprochene Faulheitskünstler (solche gibt es durchaus), die alle möglichen Vorwände ausdenken, um nichts zu tun, sind schließlich nicht wie gedankenlose Klötze. Zwar sind sie unproduktiv, tun allem Anschein nach nichts oder sehr wenig für andere, aber dennoch sind sie weder frei von Neugierde oder der Lust zu lernen, und sei es auch nur unsystematisch und spielerisch, noch bar aller Kontakte zu anderen Menschen. Auf jeden Fall muß man zwischen Unproduktivität und völliger Trägheit unterscheiden.

Nein, zu absolutem Müßiggang, das heißt zum Tod, sind wir nicht geschaffen. Wir lieben – oder zumindest die meisten von uns – keine Arbeitsdisziplin und keine Arbeit, die auf einer monotonen Wiederholung ein und derselben einfachen Handgriffe beruht, die keine Überlegung und keine Entscheidung verlangen. Die Entwicklung stark durchrationalisierter Produktionsformen, die die Tätigkeit des Arbeiters am Fließband eben auf diese eine einzige, endlos wiederholte Handbewegung reduzieren, wie wir dies unter anderem in Chaplins Film »Modern Times« sehen können, führte in den dreißiger Jahen zu einer lebhaften Diskussion. Man sprach von einer Entmenschlichung der Arbeit, von der Umwandlung des Arbeiters zu einem Anhängsel der Maschine. Übrigens tauchte eine solche Kritik bereits im 19. Jahrhundert in der sozialistischen Literatur auf, und sie war sicherlich in mancher Hinsicht berechtigt. Lafargue, ein bekannter Theoretiker der sozialistischen Bewegung und Marx' Schwiegersohn, hat eine Abhandlung über das Recht auf Faulheit geschrieben, in der er Arbeit eindeutig als eine ungute Notwendigkeit ansieht und ihr ein wahrhaft menschenwürdiges Leben gegenüberstellt, nämlich in Schlemmerei und Weingenuß. Auch bei Marx kommt das Thema der Entmenschlichung der Arbeit durch Maschinen in einem kapitalistischen Produktionsprozeß häufig vor, obgleich sich die Hoffnung, daß sich nach der Abschaffung des Privateigentums alles radikal verändern und die Arbeit humaner gestalten werde, letztendlich nicht erfüllen sollte. Die Ängste und düsteren Vorhersagen, die mit der frühen Phase der Industrialisierung verbunden waren, verflüchtigten oder verflüchtigen sich teilweise in unserer Zeit, denn es hat sich gezeigt, daß die Menschen in jenen einfachen, sich ständig wiederholenden Produktionsgängen ohne weiteres durch Roboter ersetzt werden können.

Erörtert wird weiterhin die Frage der moralischen und anthropologischen Seite der Arbeit. Es existiert die Ansicht, daß Arbeit an sich in einer ihr eigentümlichen Weise tugendhaft, daß sie etwas Edles sei - und zwar nicht deshalb, weil sie unumgänglich ist, um uns mit verschiedenen Gütern auszustatten, sondern weil es sich so für uns als Menschen gehört, weil sie unser Menschsein bestärkt. Ob dies so ist, hängt vielleicht von der Art der Arbeit ab, an die hier gedacht wird. Menschen, die, um zu überleben, schwere physische Mühen auf sich nehmen müssen, Lastenträger, Steinmetzen, Bauern, die lediglich einfache Werkzeuge zur Verfügung haben, können mit Sicherheit edle Menschen sein, aber ich habe meine Zweifel, ob sie ihre harte Arbeit als Quelle geistiger Nobilitation preisen. Wahrscheinlich ist auch ein Buchhalter, der sich früher mühsam durch lange Zahlenkolonnen quälen mußte, froh, daß er durch die Bedienung der Tasten am Computer viel mehr bewerkstelligen kann. Es gibt selbstverständlich Beschäftigungen, die uns nicht deshalb Freude bereiten, weil wir dadurch unseren Lebensunterhalt verdienen, sonden weil uns die Früchte dieser Arbeit erhebend und gut erscheinen, so wie auch Gott sein Werk in den einzelnen Phasen der Erschaffung für gut befand, aber nicht mehr - und dies sei hier angemerkt - nach dem letzten Tag seiner Arbeit, als er den Menschen erschuf. Was wäre, wenn - erlauben wir uns eine solche Phantasterei - die Automatisierung der Produktion und des Vertriebs ein solches Niveau erreichen würde, daß alles ohne eine Beteiligung des Menschen vonstatten ginge, wir also in einem Schlaraffenland, einem Land der gebratenen Täubchen lebten? Sicherlich würden wir uns irgendwelche Beschäftigungen ausdenken, die vielleicht unproduktiv, aber interessant wären, denn vollständige Faulheit würde uns nicht behagen. Vielleicht ist also das Lob der Arbeit als solche durchaus berechtigt? In dieser paradiesischen Untätigkeit, in der man sich geistig anstrengen müßte, um irgendeine Art von Beschäftigung zu erfinden, würden uns sicherlich andere Sorgen quälen: Es gäbe derart unübersehbare Mengen von Gelehrten, Dichtern, Komponisten, Philosophen, Theologen, Mathematikern, Historikern, die sich der Geschichte Finnlands im dritten Drittel des 13. Jahrhunderts widmen, daß dies ständige Kämpfe der Clans und Cliquen heraufbeschwörte, und diese Kriege könnten die Menschheit möglicherweise wieder ins Paläolithikum zurückwerfen. Unsere Sache sieht also nicht hoffnungslos aus.

Von nationalen Stereotypen

Nur selten werden wir gewahr, daß ein großer Teil unseres geistigen Raums, unserer Vorstellungen und der Art, wie wir auf die Welt und andere Menschen reagieren, von Stereotypen geformt und geprägt ist, das heißt von spontan gestalteten quasiempirischen Verallgemeinerungen, die – wenn sie sich einmal festgesetzt haben – durch spätere Erfahrungen nahezu nicht mehr zu korrigieren sind. Dies ist eine natürliche und letztendlich vielleicht auch wohltätige Beschaffenheit unseres Verstandes; Stereotype – über Dinge, Menschen, Völker, Orte – sind oft recht unterschiedlich; einige eignen sich als Verteidigung, andere sind halbwahr oder völlig falsch, da sie aber für unsere geistige Sicherheit unerläßlich sind, können sie für gewöhnlich, entgegengesetzten Erfahrungen zum Trotz, siegreich überdauern, es sei denn, sie richten irgendeinen eindeutigen Schaden an. Sie bleiben unverändert bestehen, auch wenn sie irreführend, in der Praxis aber unschädlich sind, weil sich unser Geist sicherer fühlt, wenn er sich an Stereotypen festhalten kann, und seien sie auch falsch, anstatt in einem Zustand fortwährender Wachsamkeit zu leben, die Erfahrungswerte ständig zu korrigieren und dadurch in die Lage einer nicht enden wollenden Unsicherheit und sogar eines Chaos zu geraten.

In dieser Hinsicht unterscheiden sich nationale Stereotype nicht von anderen. Wie Stereotype funktionieren, kann man an einem beliebigen Beispiel sehen. England hat bekanntlich den Ruf eines regenreichen Landes. Dieser Ruf gründet nicht auf dem Studium meteorologischer Statistiken, sondern auf einer spontanen Quasiverallgemeinerung. Hat sich der Ruf bereits verfestigt, beginnt eine eigentümliche Logik oder vielmehr ein eigentümlicher unlogischer Mechanismus zu wirken. Regnet es in Frankreich, dann regnet es eben schlicht und einfach. Jeder Regentag in England bestätigt uns aber das Stereotyp: Dies ist ein regnerisches Land. Die umgekehrte Regel funktioniert jedoch nicht: Ein sonniger Tag in England ist dann logischerweise ohne Bedeutung und widerspricht dem Ruf des Landes nicht. Unser gewöhnliches Alltagsleben läßt sich in diesen Dingen nicht bekehren, unterwirft sich den vernünftigen Regeln Poppers nicht und wird dies sicherlich niemals tun; wir brauchen die Stereotype, weil wir uns im Endeffekt in einer geistig besseren Form befinden, wenn sie in unserer Seele unangetastet verweilen.

Dies betrifft natürlich auch die nationalen Stereotype. Jedes Volk und jeder Stamm entwickelt Stereotype, die es seinen Nachbarn sowie auch anderen, mehr oder weniger bekannten Stämmen zuschreibt; diese Stereotype offenbaren häufig zum einen Respekt und zum anderen Verachtung. So »wissen« wir zum Beispiel, daß die Deutschen diszipliniert und humorlos sind, die Engländer verbindlich, aber nur einen engen geistigen Horizont haben, die Polen mutig und zu systematischer Arbeit unfähig, die Juden intelligent und taktlos, die Amerikaner menschenfreundlich und naiv, die Tschechen bereit, gut und schwer zu arbeiten, aber kleinlich und habgierig, die Franzosen witzig und leichtsinnig, die Italiener lebensfroh, aber unzuverlässig und oft betrügerisch, und so weiter. Es fehlt nie an Beispielen, die ein Stereotyp belegen, und Gegenbeispiele zählen nicht; Stereotype sind stets wohl untermauert, und wenn wir auf Widerspruch treffen, verfügen wir immer über ein zuverlässig wirkendes Sicherheitsnetz: »Aber ja, ich weiß, daß es Ausnahmen gibt«, »einige meiner besten Freunde« und so ähnlich.

Die Erforschung von Stereotypen ist nicht deshalb nützlich, weil sie diese ausmerzen oder in Frage stellen könnte: Wahrscheinlich gibt es keine Macht, die die stark verwurzelten Gedankenmuster zerschlagen könnte. Wenn sich solche Muster verändern, dann geschieht dies nicht auf Grund vernünftiger Argumente oder Statistiken, sondern weil die gesellschaftlichen Gegebenheiten ein anderes Bild verlangen. Man darf nicht meinen, daß die Judenvernichtung durch die Nationalsozialisten mit den schon früher bestehenden negativen Stereotypen in bezug auf Juden zu erklären sei. Die Nationalsozialisten haben diese Stereotype natürlich geschickt und erfolgreich ausgenutzt und geschürt, als die Deutschen – wie sich herausstellte – einen Sündenbock brauchten, den sie für all ihr Unglück und Elend verantwortlich machen konnten; aber es war ebendieses Unglück und Elend, das dazu führte, daß Hitlers völkermörderisches Programm angenommen werden konnte (die deutschen Juden waren im Vergleich zu den polnischen kulturell relativ gut assimiliert und wohl auch in einem bedeutenden Maße deutsche Patrioten; sie waren auch nur eine sehr kleine Gruppe im Vergleich zu ihrem Bevölkerungsanteil in Polen; dennoch erwies sich der Antisemitismus gerade in Deutschland als so mörderisch).

Nationale Stereotype müssen nicht unbedingt die Saat des Hasses in sich tragen; so ist es in manchen Fällen, aber nicht in allen. Zur todbringenden Waffe werden sie dann, wenn andere Umstände – insbesondere ein Krieg oder die Gefahr eines Krieges – dies erforderlich machen. Länder, die niemals oder zumindest sehr lange keinen Krieg miteinander geführt haben, neigen dazu, Stereotype des anderen Volkes hervorzubringen, die milder sind, wenngleich es sich dabei selten um völlig harmlose und positive Bilder handelt.

Die Juden hatten, da sie in allen europäischen Ländern lebten, gewissermaßen eine »privilegierte« Position; überall sind sie mit Stereotypen behaftet. Wie sich deren Muster je nach den örtlichen und historischen Gegebenheiten unterscheiden, bietet Stoff für eigene Untersuchungen. Es darf jedoch nicht unerwähnt bleiben, daß diese Stereotype häufig, wenngleich nicht ausnahmslos, neben wenig schmeichelhaften Aussagen, die bei Stammesanimositäten mehr oder minder üblich sind, potentiell todbringende Beschuldigungen beinhalten, und zwar die des Ritualmordes. Insbesondere unter der bäuerlichen Bevölkerung konnte man auf die absonderlichsten Geschichten stoßen. Als elfjähriger Junge hörte ich von einem anderen Jungen (aus dem Dorf), daß die Juden die Sonne nicht sehen könnten; als ich ihn daraufhin fragte, weshalb sie, wenn dem so sei, manchmal Sonnenbrillen trügen, antwortete mir dieser: Die tun so als ob (unglaublich, aber wahr - ich schwöre es).

Wenn wir jedoch den Ritualmord und ähnliche Horrorvisionen oder schlicht absurden Aberglauben außer acht lassen, kann man sagen, daß die stereotypischen Vorstellungen über andere Völker im allgemeinen einen Kern Wahrheit beinhalten. In den allermeisten Fällen sind dies keine einfach aus der Luft gegriffenen launenhaften Phantasien, sondern eher vereinfachte, erstarrte und ungeheuer aufgebauschte Erfahrungsergebnisse. Es gibt schließlich das Phänomen eines historisch gestalteten »Nationalcharakters«, der sich niemals aus lauter durch nichts getrübten Tugenden zusammensetzt. Obwohl ein solcher ganz offensichtlich nicht auf jedes einzelne Individuum zutrifft (»jeder Pole ist mutig und zu systematischer Arbeit unfähig«, »jeder Jude ist intelligent und taktlos«), kann man diese Charaktereigenschaften analysieren und typische Verhaltensmuster beschreiben. Außerdem haben uns fast alle Völker in der Literatur, in der Kunst und in Witzen zahlreiche, nicht gerade erbauliche Beschreibungen ihrer Eigenschaften hinterlassen (der jüdische Humor und die moderne jüdische Literatur bergen einen unerschöpflichen Schatz an Wissen über die wenig schmeichelhafte Art und Weise, wie sich die Juden selbst sehen, und die polnischen »Nationalfehler« gehörten jahrhundertelang zu den Lieblingszielen polnischer Schriftsteller und Publizisten).

Die Erforschung nationaler Stereotypen, ein eigener Zweig der Gesellschaftsanthropologie, kann viel zum Verständnis der »Nationalcharaktere« beitragen, und zwar nicht deshalb, weil uns die Stereotype ein Spiegelbild der anderen Völker bieten würden, was sie mit Sicherheit nicht tun, sondern deshalb, weil wir bei der Beurteilung anderer unwillkürlich unsere eigenen Wahrnehmungsweisen und dadurch ebenso unsere Fehler und Stärken enthüllen. Mit anderen Worten: Stereotype zeigen uns ebensoviel über diejenigen auf, die an sie glauben, wie über diejenigen, die sie betreffen. Obgleich man also nicht erwarten kann, daß die Erforschung der Stereotypen deren Untergang verursachen könnte, ist sie jedoch nicht ohne praktische Bedeutung: Indem wir wissen, wie uns andere sehen, können wir uns mit Sicherheit selber besser einschätzen, auch wenn wir meinen (und das meinen wir meistens), daß jenes Bild ungerecht ist. In einem Zerrspiegel kann man sich nicht nur wiedererkennen (eine Karikatur ist nur dann gut, wenn sie das Original erkennen läßt), sondern gerade auch durch die Verzerrung, die manche Eigenschaften des Objekts übertrieben darstellt, zu einem besseren Selbstverständnis gelangen.

Vom Verzeihen

Zu unterscheiden haben wir ein bürokratisch, ein psychologisch und ein metaphysisch begründetes Verzeihen.

Das bürokratische Verzeihen ist ein Akt, kraft dessen irgendwelche öffentlichen Organe - Staat, Gericht, Staatsanwaltschaft - vom Vollzug einer gesetzlich begründeten Vergeltung an einer Person, die diese Vergeltung verdient hat, Abstand nehmen. Es handelt sich hierbei kurz gesagt um eine Amnestie, einen Straferlaß. Massenhafte Amnestien, wie sie in den Ländern des real existierenden Sozialismus vorkamen, freuten zwar natürlich die Gefangenen, waren aber eigentlich ein Zeichen fehlender Rechtsstaatlichkeit, denn sie machten deutlich, daß der Staat seine eigene Gesetzgebung nicht ganz ernst nimmt. Da dies politisch motivierte Akte waren, kann man sie nur schwerlich als Verzeihung im psychologischen Sinn bezeichnen: Von vornherein war festgelegt, welcher Kategorie von Häftlingen ein vollständiger oder teilweiser Straferlaß zugute kommt, wobei der Paragraph des Strafgesetzbuches, der zur Verurteilung führte, beziehungsweise die Länge der noch zu verbüßenden Strafe ausschlaggebend war. Ebenso zur Klasse des bürokratischen Verzeihens gehört der individuelle Straferlaß, zum Beispiel wegen guter Führung: Das Gesetz entscheidet, nach welchen Regeln Verurteilten ein Teil der Strafe erlassen werden darf, und diejenigen, die darüber entscheiden, halten sich an diese Regeln und müssen sich persönlich nicht engagieren.

Verzeihung als psychologisch bindender Akt, als eine persönliche Entscheidung, ist etwas anderes. Jemand hat mir Unrecht angetan, aber ich verzeihe ihm - sogleich oder nach Ablauf einer bestimmten Zeit –, und das bedeutet, daß ich nicht nur jeden Gedanken an Vergeltung, vorausgesetzt, es steht in meiner Macht, eine solche Vergeltung an dem Übeltäter zu üben, von mir weise, sondern daß ich ihm auch nicht grolle, ihm nicht schaden will, ihn nicht verfluche, ihm nicht drohe und so weiter.

Man könnte meinen, daß ein so verstandenes Verzeihen nicht etwas ist, das ich beliebig beschließen kann, daß ich mir nicht einfach durch einen Willensakt vornehmen kann, gegen jemanden, der mir Unrecht angetan hat, keinen Groll zu empfinden, und daß jener Groll, wenn er vergeht, aus bestimmten Gründen vergeht, auf die ich keinen Einfluß habe. Dies ist aber wohl nur teilweise richtig und hängt von den Umständen ab. Wenn mir jemand unabsichtlich oder unwissentlich Unrecht antut oder Verdruß bereitet und es sich dabei um kein großes Unrecht handelt, fällt uns das Verzeihen vielleicht nicht so schwer, aber auch in einem solchen Fall ist dies, wie es scheint, kein Willensakt: Jemand hat mich unbeabsichtigt angestoßen; wenn er mich um Entschuldigung bittet, fällt es mir leicht zu sagen: »Ist ja nichts passiert.« Wenn ich aber sehe, daß er nicht gewillt ist, »Entschuldigung« zu sagen, dann kann ich durchaus in Zorn geraten.

Wäre es jedoch in der Tat so, daß ein solcher Akt, jeglichen Groll zu unterlassen, überhaupt nicht von unserem Willen abhinge, hätten christliche Aufrufe, anderen Menschen zu verzeihen, keinen Sinn; sie würden uns befehlen, dafür zu sorgen, daß etwas nicht geschieht, was kraft Naturordnung geschieht, die sich unserer Macht entzieht; so wie wir es nicht veranlassen können, daß kein Schnee fällt, so könnten wir – nach dieser Theorie – unsere Seele nicht dazu zwingen, sich von dem Gefühl zu befreien, Unrecht erlitten zu haben und Unwillen gegenüber dem Täter zu empfinden.

In Wirklichkeit aber ist klar, daß, falls wir Christi Gebote ernst nehmen – und schließlich sollen wir siebenundsiebzigmal verzeihen, also im Grunde genommen endlos, und erst recht, wenn derjenige, der uns Leid angetan hat, seine Tat bereut –, sich diese nicht einfach darauf beschränken, keine Vergeltung zu üben, sondern sich auf ein Verzeihen beziehen, das aus tiefster Seele kommt, also unserem seelischen Zustand entspricht. Man sollte zwar nicht behaupten, daß man einen solchen Zustand jederzeit durch einen beliebigen Bewußtseinsakt hervorrufen könne, aber mit Sicherheit ist es möglich, unsere Seele zu unterstützen, um ihn zu erreichen. Nach Jesu Lehre sollen wir für unsere Feinde beten, sollen wie Er am Kreuz sagen: »Vater, vergib ihnen, denn sie wissen nicht, was sie tun«; und auch wenn sich kaum jemand dessen rühmen könne, daß ihm Christi Bereitschaft zu verzeihen gegeben sei, so liegt es dennoch in unserer Macht, sich um das Verzeihen zu bemühen, und mit diesem Bemühen ist es möglich, die wirkliche Kraft des verzeihenden Gewissens zu unterstützen.

Nur ein psychologisch verwurzeltes Verzeihen ist wahr. Allein die Aussage »ich verzeihe« muß nicht echt sein, sie kann die mechanische Erfüllung eines Gebotes sein ohne seelischen Rückhalt, also ohne Wahrheit.

Sicherlich können wir nicht im Namen anderer verzeihen, das heißt, wir haben kein Recht, einfach zu erklären, daß den Gesetzesbrechern, Mördern und Henkersknechten die Verbrechen, die sie an anderen, nicht mehr lebenden Menschen begangen haben, verziehen sind. Dies wäre eine schändliche Aneignung von Rechten anderer, die Unrecht erlitten haben. Wir können nur in unserem eigenen Namen das verzeihen, was uns jemand an Bösem angetan hat. Wir dürfen jedoch wohl das Böse verzeihen, das wir dadurch erfahren haben, daß andere, uns nahestehende Menschen Unrecht erlitten haben, wenngleich damit nur unser, nicht aber deren Leid von einer solchen Begnadigung erfaßt wird. Wir erinnnern uns an den bewegenden Augenblick, als sich die polnischen Bischöfe an die deutschen Bischöfe mit ebendieser Botschaft wandten: Wir vergeben und bitten um Vergebung. Die Wut der volksrepublikanischen Machthaber schrie zum Himmel. Sie wollten diese Botschaft ausnutzen, indem sie sie als einen politischen Akt, dem folgende Geisteshaltung zugrunde läge, zu demaskieren suchten: »Da erklären also die polnischen Bischöfe nicht nur, daß die an unserem Volk begangenen nationalsozialistischen Verbrechen unbedeutend sind, nicht der Rede wert, sondern daß auch noch wir, die Polen, sie um Vergebung anflehen sollen für unsere, wer weiß welche Verbrechen.« Das war natürlich eine sinnlose, aber nicht gespielte Wut: Die Machthaber konnten sich nicht vorstellen, daß die Kirche andere als nur kurzfristige, politische Gründe im Auge haben könnte. Der Brief war übrigens in diesem Sinne ein politischer Akt, als er den für beide Völker überaus notwendigen Prozeß der Rückkehr zu nachbarschaftlichen Beziehungen zwischen Polen und den deutschen Bundesländern nach den Grausamkeiten des Krieges und der Besatzungszeit initiierte. Die Aussage »wir bitten um Vergebung« bedeutete keineswegs, daß wir das auf beiden Seiten zugefügte Leid aufgerechnet hätten und daß diese Ungerechtigkeiten ausgeglichen wären; nein, es gab keine Rechnung, aber aus christlicher Perspektive gibt es keinen solchen Tag, an dem wir alle, jeder einzelne von uns, keine Vergebung benötigten; wir sind von Natur aus Sünder, und wenn wir denen, die uns Unrecht angetan haben, nicht verzeihen, werden unsere Gebete um Vergebung unserer eigenen Sünden nicht so sein, wie sie sein sollten, nämlich »wahr und aus tiefster Seele«.

Dieser Teil der Botschaft Jesu widerspricht wohl am stärksten der menschlichen Natur und ist auch als Widerspruch gedacht. Der Wunsch nach Vergeltung ist naturgegeben, und der freiwillige Verzicht darauf widerspricht unseren Instinkten. In vielen archaischen Gesellschaften ist Vergeltung nicht nur erlaubt, sondern geboten. Jemand hat meinen Bruder ermordet;

es ist nun meine Pflicht, den Mörder zu töten, andernfalls erweise ich mich als Feigling, als ehrloser Mensch. Das Recht der Vendetta können wir nachvollziehen und sogar als nah empfinden; verschiedene Schriftsteller haben es auch manchmal als Ausdruck eines urwüchsigen Sinns für Gerechtigkeit und eines Strebens nach Gerechtigkeit gelobt, aber einer anderen Gerechtigkeit als der, die sich im Strafrecht finden sollte, wonach nicht die Opfer die Strafe verhängen, sondern anonyme Paragraphen, Abstrakta. Das Recht auf Vergeltung durch die Geschädigten ist übrigens in einigen Büchern des Alten Testaments gut begründet. Heute begeistert sich wohl kaum jemand für die Idee der Vendetta, und zwar nicht nur deshalb, weil wir uns an den Gedanken gewöhnt haben, daß es Privatpersonen nicht erlaubt ist, andere Menschen zu bestrafen, daß niemand zugleich Partei, Richter, Kläger und Henker sein kann, sondern auch deshalb, weil es in der Natur der Sache liegt, daß dort, wo das Recht der privaten Vergeltung herrscht, sich die Vergeltung und die Vergeltung für die Vergeltung ins unendliche ziehen können und der Gerechtigkeit niemals Genüge getan wird, da jederzeit jemand das Recht und die Pflicht zur Rache hat. Darüber hinaus fußen die uns gegenwärtig bekannten Formen des Rechts auf Vergeltung nicht so sehr auf den Traditionen edler Bergstämme, sondern sie finden sich vielmehr in Gangsterkriegen, über die wir täglich in der Zeitung lesen. Trotzdem steht uns, und dies sei wiederholt, das Recht der Vendetta nahe und ist nachvollziehbar, und jeder von uns macht wohl manchmal die Erfahrung, daß er in gewissen Situationen bereit wäre, daran teilzunehmen, obwohl es nicht erlaubt ist. Es läßt sich nicht ändern – wir haben in einer Rechtsordnung zu leben, auch wenn sie uns äußerst unbequem ist, uns hart zusetzt. Wenn aber die Vendetta die naturgegebene Neigung hat, sich ins unendliche zu ziehen, dann ist sie weit gefährlicher und unheilverkündender, wenn es nicht um Konflikte zwischen einzelnen, Familien oder kleinen Gruppen geht, sondern zwischen Völkern und Stämmen. Ein Einverständnis mit den Regeln der Vendetta bedeutet das Einverständnis mit einem ewigen Krieg nahezu aller in Nachbarschaft lebender Völker und Stämme, alle sind nämlich überzeugt, daß sie alte, nicht beglichene Rechnungen und offene Wunden haben. Man muß nicht in Erinnerung rufen, was wir im 20. Jahrhundert gesehen haben.

Neben dem echten, also dem seelisch begründeten Verzeihen sowie dem bürokratischen Verzeihen gibt es noch ein – ich wiederhole es – Verzeihen im metaphysischen und religiösen Sinn dieses Wortes, also eine Sündenvergebung. Sowohl in der christlichen als auch in der jüdischen Tradition ist es ausschließlich Gottes Privileg, die Sünden aus dem himmlischen Register zu tilgen oder sie einem metaphysischen Vergessen anheimfallen zu lassen. Der Streit hierüber gehörte bekanntlich in Zusammenhang mit dem Ablaßhandel und allgemein der Institution der Beichte und Sündenvergebung zu den Brennpunkten der großen Reformation. Der Kirche soll die Verfügungsgewalt zukommen über die unermeßlichen Güter und Verdienste des Gottessohnes, der schließlich die Quelle aller Verzeihung ist, aber die Wirksamkeit der Absolution soll in der römisch-katholischen Kirche nicht mechanisch, allein durch das Wort des Beichtvaters entschieden sein; unerläßlich ist echte Reue des Sünders und die freiwillige Annahme der Buße – so lautet zumindest der Grundsatz, wenngleich es wahrlich an Geschichten über leichtfertige, sorglose und käufliche Beichtväter nicht mangelt. Der Sünder darf damit rechnen, daß er auf dem Sterbebett beichten werde und sich alle seine jemals begangenen Nichtswürdigkeiten in einem Augenblick in Rauch auflösen, er selbst aber sogleich und fröhlich ins Paradies eingehen werde; es gibt jedoch in der Kirche ein Sprichwort, das besagt, daß die Reue desjenigen, der gleich stirbt, zusammen mit ihm stirbt (ganz zu schweigen davon, daß wir niemals sicher sein können, ob uns auf dem Sterbebett die Möglichkeit zur Beichte gegeben sein wird). Wir können auch niemals ganz sicher sein, daß alles endgültig beigelegt ist und unsere Schuld getilgt. Die Barmherzigkeit Gottes ist, wie man uns versichert, unermeßlich, damit sie aber wirksam wird, muß der Sünder Gott helfen. »Möge Gott dir vergeben, wie ich dir vergebe«, meint Molières Tartüff, aber dies sind eben die Worte eines frechen Heuchlers, der zu verstehen gibt, daß seine Großherzigkeit diejenige Gottes übersteigt.

In den Aussagen der Theologie über Gottes Vergebungsbereitschaft und Barmherzigkeit findet sich etwas Geheimnisvolles, und zwar unabhängig von den Unterschieden, die in dieser Hinsicht zwischen dem Pentateuch und den Evangelien bestehen. Für den Sünder, der den himmlischen Lohn erwartet, bedeutet Vergebung schlicht und einfach den Erlaß der Sündenstrafen im Fegefeuer oder in der Hölle. Wir vermuten jedoch, daß es um etwas mehr geht: Das Löschen einer Sünde bedeutet gewissermaßen ihre Vernichtung, also eine metaphysische Umwandlung, eine Veränderung in der Weltgeschichte, ein Ungeschehenmachen dessen, was geschehen ist. Können wir uns das vorstellen? Kann man annehmen, daß sich die Verbrechen Stalins verflüchtigen, wenn Gott ihn irgendwann einmal unter sein Dach aufnimmt? In einem solchen Fall müßten alle anderen Bewohner des Himmelreichs diese Verbrechen vergessen, so scheint es zumindest. Sollte demnach also die göttliche Vergebung durch eine sonderbare Art von Vergewaltigung des menschlichen Erinnerungsvermögens zustande kommen? Ich weiß keine Antwort auf diese Frage, die Theologen mögen sie erläutern.

Von Rekorden

Manchmal amüsieren wir uns über sportliche Rekorde; uns scheint, als müßte jemand, der unter ungeheuerlicher Anstrengung trainiert, damit es ihm vielleicht gelingt, im Hundertmeterlauf zwei hundertstel Sekunden schneller zu sein oder im Hochsprung zwei Zentimeter mehr zu schaffen, den Verstand verloren oder nie besessen haben; ähnliches gilt für den, der mitfiebert und, wenn ein Rekord gelingt, dies als ein außerordentliches historisches Ereignis ansieht. Ist es aber klug, sich darüber lustig zu machen?

Der Sportler will sich natürlich hervortun (und sehr viel Geld verdienen, unmittelbar oder mittelbar), will um diese zwei hundertstel Sekunden besser sein als die anderen. Der Wunsch, sich hervorzutun, ist eine allzu menschliche Eigentümlichkeit, und es gibt keinen Grund, darüber zu spotten oder sie im Fall jenes Athleten als tadelnswerte Eitelkeit zu betrachten, im Gegensatz zu einem hervorragenden Physiker, der sich um die Lösung eines schwierigen, bis dahin ungeklärten Problems bemüht, wobei er sich ebenfalls nicht nur von dem Wunsch nach Wahrheitsfindung leiten läßt, sonden auch von dem Willen, besser zu sein, etwas Besonderes zu erreichen, das in der Welt Anerkennung findet. Ähnlich der Künstler, der ein gutes Werk schaffen möchte, aber sich zugleich um den Beifall des Publikums bemüht.

Jemand könnte hier anmerken: Gut, aber wenn der Physiker ein Problem löst, tut er etwas, das der Menschheit Nutzen bringt und als beständige Errungenschaft in die Geschichte eingeht. Welchen Nutzen hat dagegen die Menschheit aus jenen zwei hundertstel Sekunden? Nun verhält es sich so, daß man sehr oft im voraus nicht sagen kann, ob das Wirken des erwähnten Physikers einen anderen Nutzen bringt als die Befriedigung der intellektuellen Neugierde seiner Kollegen (weil andere in den meisten Fällen nicht in der Lage sind, das Problem zu verstehen): Es gibt kosmologische Fragen, die möglicherweise von Nutzen sein werden oder auch nicht. Jedoch allein die Befriedigung der Neugierde ist schon ein Nutzen. Ähnlich mühen sich Ägyptologen, um irgendein Problem der Chronologie der Dynastien im alten Ägypten zu lösen, und die Erforscher der Philosophiegeschichte trachten danach, den Verfasser bestimmter antiker Texte zu identifizieren. »Nutzen« - und das dürfte wohl unstrittig sein - bringt uns nicht nur das, was man essen oder anziehen kann; uneigennützige Neugierde hat den menschlichen Geist vermutlich seit Anbeginn unserer Gattung geleitet, und ohne diese uneigennützige Neugierde würden wir wahrscheinlich immer noch auf Bäumen hausen.

Gut, könnte ein Zweifler meinen, aber der Läufer wird mit jenen zwei hundertstel Sekunden kein Problem lösen. Vielleicht nicht, aber er macht uns etwas deutlich: Er zeigt, daß der Mensch um den Preis enormer Anstrengung fähig ist, die Grenzen seiner physischen Kondition unentwegt zu überschreiten, daß er mehr und mehr kann. Sicherlich geht das nicht bis ins unendliche: Es ist nicht zu erwarten, daß jemand jemals hundert Meter in einer viertel Sekunde durchlaufen oder fünfzehn Meter hoch springen wird. Das ist wahr, aber die Grenzen sind niemals vorgegeben, und das Verlangen, sie zu überschreiten, ist zugegebenermaßen ein edles Streben.

Bei der Gelegenheit sollte ich klarstellen, wie meine Kompetenzen in Sachen Sport aussehen und welchen Beitrag ich zu diesem Kulturbereich leiste. Nun, meine Kompetenzen beruhen darauf, daß ich *alle vier Jahre* im Fernsehen einige - aber nur einige - Leichtathletikwettkämpfe bei den Olympischen Spielen ansehe, manchmal, wenngleich nicht oft, Tennis in

Wimbledon (auch im Fernsehen) und hin und wieder einen Boxkampf, den ich als einen edlen und anspruchsvollen Sport betrachte und keineswegs als eine grobe Schlägerei. Dagegen gelang es mir auch nach langjährigem Aufenthalt in den Vereinigten Staaten von Amerika nicht, wirklich zu begreifen, worum es im Baseball geht, und als man mich einmal im Stadion ein wenig darüber belehrte, habe ich es sofort wieder vergessen, so daß jeder fünfjährige amerikanische Junge viel mehr darüber weiß; und da man mir wiederholt sagte, »wenn du Baseball nicht verstehst, verstehst du Amerika nicht«, hatte ich offensichtlich keine Lust, Amerika zu verstehen. Ähnlich ergeht es mir mit Kricket, obwohl ich nun schon viele Jahre in Großbritannien lebe und obwohl fast täglich in den Nachrichtensendungen des Fernsehens Ausschnitte aus Kricketspielen gezeigt werden. Ich erwähne dies deshalb, um zu unterstreichen, daß ich einer solchen Menschenklasse angehöre, in der es natürlich wäre, sich gegenüber jeder Art von Leistungssport nicht nur gleichgültig zu verhalten, sondern diesen Lebensbereich auch völlig geringzuschätzen, also gleichsam auf einer kleinen, dem normalen Leben gänzlich entfremdeten Kulturinsel zu verweilen. Aber dem ist nicht so: Ich bemühe mich, und sei es nur abstrakt, den Wert des Sportes zu schätzen, obwohl ich selbst im Laufe meines Lebens keinerlei Sport ausgeübt habe.

Kehren wir jedoch zu jenen zwei hundertstel Sekunden zurück. Es ist offensichtlich, daß sich der Ehrgeiz eines Athleten nur unter bestimmten kulturellen Bedingungen manifestieren kann, das heißt dann, wenn nämlich seine Leistung von der Welt bemerkt, anerkannt und von Millionen Menschen bejubelt wird. Demnach trägt nicht der Sportler die Verantwortung für seine Bereitschaft zur Anstrengung, sondern ebenjene Millionen von Fans.

Rekorde kommen, wie wir wissen, nicht nur im Sport vor, wobei es auch solche gibt, die niemals Millionen von Fans erringen werden, obwohl dies von den Rekordhaltern durchaus beabsichtigt war. Wenn wir das *Guinnessbuch der Rekorde* durchsehen, fällt uns unweigerlich die Anzahl von erstaunlich absurden Wettbewerben und Rekorden auf: Da ist einer, der den Hamlet-Monolog am schnellsten auf der Welt aufsagte, oder das Paar, das sich vor einer Prüfungskommission am ausdauerndsten küßte, oder jener, der am längsten auf einem Bein stand (dies war jedoch nicht Symeon Stylites), ein anderer, der am schnellsten Treppen stieg, oder der, der die größte Anzahl an abgefahrenen Busfahrscheinen gesammelt hatte, schließlich einer, der innerhalb einer viertel Stunde die meisten Wiener Würstchen aß, den längsten Bart oder die meisten Kreditkarten hatte oder der innerhalb einer Stunde so viele Männer rasierte wie sonst keiner. Und was halten wir von dem, der einen Rekord aufstellte, indem er sich mehrere Tausend Dezimalstellen der Zahl Pi einprägte?

Dies alles sind - ich wiederhole - beabsichtigte Rekorde. Manche der Rekordhalter können nicht mit weltweitem Ruhm rechnen, aber sie freuen sich auch über kleine Erfolge; viele haben lediglich den Ehrgeiz, unter riesengroßen Anstrengungen überhaupt im *Guinnessbuch* Aufnahme zu finden und so - sei es auch nur im sonderbarsten und unnützesten Wettstreit - ihren Namen zu verewigen. Solche Rekorde weisen keineswegs jene Vorzüge auf, die wir bei sportlichen Rekorden finden, sie bringen nichts und haben auch kein anderes Ziel, als ebenjenen Superlativ zu erreichen.

Selbstverständlich gibt es auch in der Technik und in den Wissenschaften Rekorde, die manchmal als solche beabsichtigt sind und manchmal zufällig zustande kommen: die tiefste in einem Labor erreichte Temperatur, der größte Bahnhof. In vielen Fällen sind die Rekorde als solche gar nicht vorgesehen und ergeben sich lediglich durch das Zusammentreffen verschiedener Ereignisse: die mathematische Entdeckung, die am längsten auf ihren Beweis wartete (es geht natürlich um den letzten Fermatschen Satz), der Papst mit dem kürzesten und der mit dem längsten Pontifikat, das kürzeste Theaterstück (von Beckett, überflüssig zu sagen), die teuerste Weinflasche, die Frau, die sich den meisten Schönheitsoperationen unterzogen hat, der am längsten lebende Zwergwüchsige, die Beerdigung mit der größten Trauergemeinde, die Zugkatastrophe, bei der die meisten Opfer zu beklagen waren.

Wir notieren auch rekordverdächtige Leistungen der Natur, die ohne Zutun des Menschen geschehen: die höchste jemals aufgezeichnete Temperatur auf der Erde, der kleinste Vogel und die größte Eidechse, die giftigste Schlange.

Obwohl also die eben erwähnten Unterschiede zwischen den verschiedenen Arten von Rekorden - den beabsichtigten und unbeabsichtigten, den von Menschen aufgestellten und den in der Natur vorkommenden, den in irgendeiner Form nützlichen und den völlig sinnlosen - eindeutig sind, gibt allein die Tatsache, daß wir sie alle unter der einen Bezeichnung Rekorde zusammenfassen und daß so etwas wie ein *Buch der Rekorde* überhaupt möglich ist, zu denken. Warum zieht jede Art von Extremen unsere Aufmerksamkeit auf sich, warum sollen wir uns dafür interessieren? Woher kommt das Staunen über das Extreme, das wohl niemanden verschont? Was fesselt unseren Blick auf der Zeitungsnotiz, die uns darüber informiert, wo die größte Eidechse lebt oder wer die meisten Wiener Würstchen aß?

Sicherlich mußte die Zivilisation der letzten Jahrzehnte mit ihrer massenhaften Translokation von Menschen, Waren, Kapital, Gedanken und Moden, mit ihrem gigantischen Wachstum an überall zugänglicher Information die Frage der Rekorde zu einer bis dahin unbekannten Erregung treiben, die wiederum einer neuen und heute überaus weitverbreiteten Form des Sittenverfalls Tür und Tor öffnete. Diejenigen, die etwas von Sport verstehen, erzählen uns häufig von den Ausmaßen einer unerhörten Korruption, die diesen Lebensbereich vergiftet hat und weiterhin vergiftet und die Rekorde selbst ihres Sinns beraubt. Die ersten modernen Olympischen Spiele erscheinen maßvoll und ernst im Vergleich mit dem gigantischen Getümmel und den gigantischen Geldern, die um die heutigen Veranstaltungen kreisen, bei denen es immer mehr verschiedene Disziplinen gibt, immer mehr unerlaubte Aufputschmittel - und immer mehr Erfindungsgabe beim Betrug der Kontrollen -, immer mehr Gelder und immer mehr Geschrei um die Wettkämpfe dieser angeblichen - Gott sei's geklagt - »Amateure«.

Dies alles stimmt, aber wir kennen aus der antiken Geschichte und aus verschiedenen Teilen der Welt unterschiedliche Formen sportlicher Wettkämpfe, die nicht selten überaus gefährlich waren, wie die Gladiatorenkämpfe; der bedeutende griechische Dichter pries sie, und häufig hatten sie einen religiösen Charakter. Der Wettkampf an sich ist selbstverständlich nichts rein Menschliches, aber unter Tieren ist dies immer der Kampf um eine ganz konkrete Beute in einer Welt, in der es stets an etwas mangelt: Es geht um Weibchen, um Nahrung oder um den Schutz des Reviers. Die Lust am Rekord ist dagegen eine menschliche Eigenschaft, ähnlich wie das Interesse an Extremen. Und obwohl die Jagd nach Rekorden von dem Wunsch angetrieben wird, sich als besser zu erweisen als die anderen, sich hervorzutun, seinen Hochmut zu bestätigen und seinen Neid zu füttern, hat diese Leidenschaft dennoch - wenn man so sagen darf - einen »zweiten Boden«.

Möglicherweise verbirgt sich in dieser Leidenschaft nach Rekorden und dem Interesse an Extremen irgendeine metaphysische Wurzel: ein Verlangen, über das hinauszugehen, was ist, eine sonderbar ausgedrückte, nicht selten ins Groteske und Absurde abgleitende - wie alles, was menschlich ist, sei es gut oder böse - Hoffnung auf Unendlichkeit.

Von der Vergangenheit und der Zukunft

Es könnte jemand einwenden, daß dies ein übertrieben anspruchsvolles Thema für einen zwölfminütigen Vortrag sei. Dem dürfte man entgegenhalten, daß alles unbegrenzt gekürzt, zusammengefaßt und komprimiert werden könne und daß eine solche Zusammenfassung in unserer Zivilisation angesichts einer Informationsflut, in der wir leben, sogar immer notwendiger und unerläßlicher wird.

Aus der Philosophiegeschichte kennen wir folgendes Argument: Das, was vergangen ist, gibt es per definitionem nicht mehr, und das, was künftig sein wird, gibt es per definitionem noch nicht, woraus zu schlußfolgern wäre, daß das, was wirklich ist, ein dimensionsloser, auf einen Punkt beschränkter Augenblick zwischen jenen beiden ist, und da er dimensionslos ist, ist schwer zu sagen, in welchem Sinne er wirklich ist. Schrecken überkommt einen angesichts eines daraus resultierenden Gefühls, das in der absurden Feststellung ausgedrückt werden könnte »demnach existiert also nichts«.

Das Gegenargument zu diesem beunruhigenden Gedanken lautet: Es gibt so etwas wie einen auf einen Punkt beschränkten Augenblick in der Zeit erfahrungsgemäß gar nicht, die obige Beschreibung aber ist nicht der Erfahrung entnommen, sondern der Reflexion über das Abstraktum Zeit, die in Form einer geraden Linie dargestellt ist, deren Punkt nicht im eigentlichen Sinne ein Teil, sondern ein Schnitt ist. Die erfahrene Zeit ist jedoch ein fortdauernder Prozeß, in dem das eben Vergangene und das antizipierte gleich zu Geschehende als wirklich empfunden wird. Dies ist sogar die trivialste, allgemeine Art der Zeitempfindung: Gestern habe ich mich mit meinem Bekannten zum Mittagessen verabredet, und heute setze ich diese Verabredung in die Tat um, also sehe ich diese, obwohl vergangen, als wirklich an, da sie mein Handeln bestimmt. Ähnlich antizipiere ich mein künftiges Handeln, indem ich es auf gegenwärtige Erfahrungen oder meine Erinnerung beziehe.

Das ist richtig, aber wenn wir bereits einmal, und sei es in Anlehnung an den eben erwähnten, sehr einfachen Gedankengang, diese Unruhe der Unwirklichkeit erfahren haben, können wir uns davon nicht mehr ganz frei machen. Gram könnte uns angesichts dieser schlichten Entdeckung erfüllen: Die Erfahrung, die ich gerade eben vor einer Minute gemacht habe - irgendein Eindruck, ein Wort, das ich selber gesagt habe oder jemand anders ausgesprochen hat, irgendein Klang -, ist für alle Ewigkeit im unbeweglichen Abgrund versunken und kehrt niemals mehr zurück, lediglich die Erinnerung kann sie aufbewahren; allein die Erinnerung ist auch nur mein ureigenster Erfahrungsschatz, der möglicherweise zusammen mit mir verlorengeht. Auch wenn ich ewig leben und mich an alles erinnern sollte, könnte ich niemals das, was gewesen war, wiederbeleben. Für Gott gibt es, wie man sagt, weder Erinnerung noch Antizipation, denn Gott lebt in einer immerwährenden Gegenwart, in der alles gegenwärtig ist, was für uns bereits gewesen war oder erst sein wird. Von daher entstand die Frage: Könnte Gott die Vergangenheit verändern und etwas, das nach unserer Erfahrung geschehen ist, ungeschehen machen? Manche legten den verwegenen Gedanken nahe, daß dies der Fall sein müsse, da Gott allmächtig ist: so Duns Scotus im Mittelalter und Lew Schestow in unserer Zeit. Romanschriftsteller, die Zeitreisen beschreiben, haben erhebliche Probleme mit Paradoxa, die solche Ausflüge mit sich bringen. Jungfrauen, an deren Reizen sich die glücklichen Bewohner des im Koran versprochenen Paradieses erfreuen, werden sogleich nach den Liebesspielen erneut zu

Jungfrauen. Offensichtlich ist also die Zeit im Paradies anders gestaltet als auf Erden, auch wenn wir uns dies nicht vorstellen können. Vielleicht gibt es jedoch in der irdischen Wirklichkeit eine Art Ersatz für dieses göttliche Über-der-Zeit-Stehen: Mystiker beschreiben solche Erfahrungen eines Lebens außerhalb der Zeit, aber auch diejenigen, denen mystische Entrückung nicht gegeben war, kennen dennoch außergewöhnliche Augenblicke einer solchen Begeisterung, in denen die Gegenwart allumfassend ist und weder Erinnerung noch Antizipation erfahren werden. Was die Aussage des heiligen Johannes bedeutet, daß es keine Zeit mehr geben werde, wissen wir nicht.

Alle wissen wir, daß die Erinnerung selektiv ist und uns nicht selten trügt; jeder von uns bewahrt wohl in seiner Erinnerung Ereignisse auf, die er lieber vergessen möchte, aber dies ist nicht Sache einer beliebigen Entscheidung. Unsere alltägliche Erfahrung lehrt uns zugleich, daß verschiedene Dinge, an die wir uns nicht mehr entsinnen können, und solche, an die wir uns gern erinnern möchten, aber nicht können, später ungebeten in unserem Bewußtsein wieder auftauchen. Vielleicht ist also die volle Erinnerung unangetastet irgendwo aufbewahrt, obwohl sie häufig unerreichbar ist und obwohl sie Gehirnschädigungen sowie verschiedene Erkrankungen scheinbar zerstören können. Vielleicht.

Kein Zweifel besteht daran, daß die Erinnerung Voraussetzung ist für ein Gefühl der Identität, und zwar sowohl des Einzelnen als auch der Gemeinschaft, daß wir es gerade dem zu verdanken haben, wir selbst zu sein, daß wir unsere eigene Vergangenheit als die unsere mit uns tragen, daß die erinnerte persönliche Geschichte, wenngleich voller Lücken und Verzerrungen, eben die Person selbst ist. Ebenso ist die Menschheitsgeschichte, obwohl es darin von Legenden, Phantasien und Schönfärberei wimmelt, nicht nur für die Identität der Völker, Nationen und Religionen unerläßlich, sondern sie ist darüber hinaus notwendig, damit wir uns dessen bewußt werden, daß es überhaupt so etwas wie eine Menschheit gibt. Dagegen ist sie keine Lehrmeisterin in dem Sinn, daß wir ihr nützliche Hinweise für unser gegenwärtiges Leben entnehmen könnten. Da wir nur einen winzigen Teil der kollektiven Geschichte kennen, könnte die Frage auftauchen: Sind die riesengroßen Bereiche, die wir nicht kennen und niemals kennen werden, in irgendeinem Sinn wirklich? Darauf ließe sich antworten, daß alles, was auch immer geschah, theoretisch (obgleich nicht praktisch) rekonstruiert werden könnte, weil es Spuren hinterlassen mußte, die stets gegenwärtig sind. Um daran zu glauben, muß man das Dogma des universellen Determinismus anerkennen, das bei weitem nicht offensichtlich ist.

Offensichtlich ist dagegen, daß die Zukunft weit stärker irreal ist als die Vergangenheit und daß es in dieser Hinsicht keine Symmetrie gibt. Die nahe Zukunft können wir bis zu einem vernünftigen Grad an Glaubwürdigkeit antizipieren (zum Beispiel werde ich in einer Stunde das Abendessen zu mir nehmen), aber wir können ihrer niemals bedingungslos sicher sein (ich kann sterben, bevor das Abendessen kommt, die Welt kann in einer Minute untergehen). Über die eigene oder die gemeinschaftliche Zukunft nicht zu träumen fällt uns schwer; dieses Phantasieren wurde als Teil der literarischen Tätigkeit allgemein anerkannt. Wir alle wissen, daß Leonardo von Flugmaschinen träumte und aus dem Grund den Vogelflug studierte; im 17. Jahrhundert schrieb Cyrano de Bergerac über Reisen zum Mond, und seit der zweiten Hälfte des 19. Jahrhunderts erfreuen sich phantastische Romane eines außerordentlichen Erfolges. Man kann alle möglichen technischen Wunder ersinnen, und einige dieser Phantasien lassen sich schließlich verwirklichen. Arthur Clarke hat schon vor über einem halben Jahrhundert von Satellitenkommunikation und vom Klonen gesprochen, andere haben, lange bevor die technischen Möglichkeiten dazu bestanden, Telefone, Unterseeboote, die sofortige Bildübertragung oder Interkontinentalraketen antizipiert. Science-fiction-Romane sollte man, wie mir scheint, nicht von Natur aus als zweitrangige Literatur betrachten. Die Schriftsteller tragen selbstverständlich nicht selbst zur Entwicklung jener technischen Neuheiten bei, die sie beschreiben, und sie wissen auch nicht, wie sie zu bauen wären, aber sie lassen gewissermaßen verschiedene Wunschträume, die die Menschen brauchen, von der Bildfläche des kulturellen Lebens nicht verschwinden. Die Tatsache, daß es in dieser Literatur meistens an psychologischer Feinheit, einer Analyse der Sitten, historischer Zusammenhänge und so weiter fehlt und daß sie leicht zu lesen ist, berechtigt nicht dazu, sie geringzuachten; es ist dies ganz einfach eine andere und in ihrer Art berechtigte Literaturgattung, die - falls sie ideenreich, intelligent und unterhaltsam ist - Anerkennung verdient. Zwar kann man nicht behaupten, daß es ohne Science-fiction-Romane alle diese technischen Wunder nicht gäbe, denn keiner dieser Schriftsteller hat, wie Kenner der Materie bemerken, solche Neuheiten wie die Elektrizität, den Radar, die Transistoren, die Röntgenstrahlen oder den Laser vorweggenommen. Dennoch ist es gut, wenn wir unserer Phantasie auch ohne Aussicht auf eine Realisierung dieser Träumereien freien Lauf lassen, denn dies sind natürliche Ausschweifungen unseres Verstandes, der ohne das Erforschen von Unbekanntem nicht auskommen kann.

Da der Phantasie keine Grenzen gesetzt sind, können Antizipationen ebensogut von freudiger Erregung wie von Angst gekennzeichnet sein. Die Vergangenheit gibt uns in dieser Hinsicht ein Gefühl von Sicherheit, weil sie unvermeidlich ist. Das, was geschehen ist, geschah, da können wir nichts daran ändern, aber zugleich ist das, was war, nicht mehr, also leben wir noch und haben diese Dinge hinter uns gelassen. Hierüber gibt es Sicherheit, keine Sicherheit gibt es jedoch in bezug auf

Sachverhalte, die noch nicht geschehen sind, und alles erscheint uns möglich. Nichts ist einfacher, als mit Hilfe eines Taschenrechners die existierenden Bedingungen zu extrapolieren und sich zum Beispiel vorzustellen, daß wir in einiger Zeit von Paris nach Los Angeles in fünfzehn Minuten reisen werden; vielleicht, vielleicht aber auch nicht. So ein Phantasieren bringt jedoch wenig. Das künftige Geschehen hängt von so vielen und so verschiedenen Bedingungen ab, deren Gesamtwirkung wir nicht imstande sind zu kalkulieren, und so ist es unsere Pflicht, obwohl wir vorausschauen müssen, an die Unsicherheit aller Voraussagen zu denken. Wie viele angeblich rational begründete, »wissenschaftliche« Prophezeiungen sind zum Teufel gegangen. Die Araber haben einstmals ein Land nach dem anderen erobert, und so war die Annahme, daß ganz Europa ihnen zum Opfer fallen werde, wohl vernünftig. Die Sowjetunion hat über Jahrzehnte hinweg ihre Herrschaft auf die angrenzenden Gebiete ausgeweitet und eroberte, wie ein Krebsgeschwür, das immer neue Metastasen bildet, weit entfernte Territorien in Afrika, Asien und Südamerika. War die Überlegung, daß sie in absehbarer Zukunft den ganzen Erdball umfassen würde, nicht rational? So ist es aber nicht geschehen, und das Imperium ist zusammengebrochen. Jetzt haben wir den Eindruck, als müßten gewisse Tendenzen, die wir seit einiger Zeit beobachten, bis in alle Zukunft so weiterwirken; dies ist natürlich eine auf Gewohnheit gründende Täuschung. Wird es also einen europäischen Staat geben? Vielleicht, vielleicht aber auch nicht, verschiedene Umstände sprechen für die eine Prophezeiung, andere wiederum für die andere. Die Marktwirtschaft wird in China schließlich zum Sieg der Demokratie führen, denn es gibt eine offensichtliche, historisch bestätigte Verbindung zwischen beiden. Vielleicht wird es so sein, vielleicht auch nicht. Unsere Vorhersagen sind sehr brüchig, obwohl sie sich nicht selten auf rationale Prämissen stützen.

Ebenso unsicher ist unsere Beurteilung der Vergangenheit, obgleich sie sich scheinbar auf bessere Kenntnisse gründet (weil wir schließlich wissen, was gewesen ist), und wir werden immer wieder damit konfrontiert, daß scheinbar längst festgelegte historische Interpretationen in Frage gestellt werden. Es ist ja auch fast unmöglich, die Vergangenheit zu beschreiben, ohne in diese Beschreibungen unsere verschiedenen historiosophischen oder philosophischen Vorurteile einzuflechten, unsere Beurteilungen, die allein schon in der Sprache, die wir benutzen, beinhaltet sind. Wo die Grenze zwischen der nackten Tatsache, die nicht zu erschüttern ist (zum Beispiel im Jahr 1685 wurde das Edikt von Nantes aufgehoben), und der Interpretation (die Reformation hat zu einer Reform innerhalb der katholischen Kirche geführt) verläuft, ist nicht allgemeingültig festzulegen. Letztendlich ist vielleicht unsere Unsicherheit im Falle künftiger und vergangener Ereignisse im wesentlichen gar nicht verschieden - wenngleich aus jeweils anderen Gründen.

Vom Neid

Von den sieben Hauptsünden ist Faulheit und Gefräßigkeit am leichtesten zu verzeihen, Neid aber bringt, wie mir scheint, den größten Schaden, führt zu Unglück, Verbrechen und Krieg. Faulheit dürfen wir bei verschiedenen Gelegenheiten zeigen, Gefräßigkeit finden wir bei anderen eher lächerlich, als daß wir uns darüber entrüsten, Neid aber wollen wir nicht offen zugeben, obwohl es uns nicht gelingen wird, eine Selbstentlarvung zu vermeiden, wenn wir uns bei irgend etwas von Neid leiten lassen, und Beobachter werden unsere moralische Armseligkeit sehr wohl bemerken.

Neid ist eine fast überall anzutreffende Emotion, und es bedarf einer besonderen moralischen Konstitution, um ihm nicht zu erliegen; manche Menschen können sich glücklich schätzen, eine solche Konstitution zu besitzen, bei den meisten ist dies jedoch nicht der Fall. Die Bedingungen, die zu Neid führen, sind ebenfalls nahezu universell, denn niemand wird, und sei er noch so vom Schicksal begünstigt, in jeglicher Hinsicht bevorzugt; es wird immer andere geben, die man um irgend etwas beneiden kann, denn jedes fremde Gut kann Gegenstand von Neid sein - Geld, Ruhm, Erfolg auf dem einen oder anderen Gebiet, gute familiäre Beziehungen, Gesundheit, Begabungen, Erfüllung im sexuellen Leben, zahlreiche Freundschaften und so weiter. Sollte sich sogar ein so außergewöhnlicher Mensch finden, den der Himmel aus unerfindlichen Gründen reich mit all diesen Gütern ausgestattet hätte, könnte auch er trotz allem in Versuchung geführt werden, der Sünde des Neids zu verfallen, weil sich mit Sicherheit andere fänden, die in der einen oder anderen Hinsicht besser bedacht wären.

Neid hat zwei Seiten, und beide sind eigentümlich menschlich, kommen in dieser Form im Tierreich nicht vor. Die eine Seite läßt sich in die Worte fassen: »Ich will dasselbe haben, was jener hat«, die andere aber spiegelt sich in dem Satz wider: »Ich will nicht, daß jener mehr hat als ich.« Der Unterschied zwischen diesen beiden Seiten des Neids ist deutlich, beide erscheinen auch gewöhnlich gemeinsam und unzertrennlich. Tiere kämpfen und konkurrieren miteinander um den Zugang zu verschiedenen Gütern, aber nur unter dem Einfluß von Futtermangel oder Sexverlangen. Zwei hungrige Bären können miteinander wegen eines erjagten Fisches in Streit geraten, aber man darf davon ausgehen, daß es einem satten Bären nicht in den Sinn kommt, anderen Bären nur deshalb Fische zu entreißen, damit es jenen nicht zu gut gehe und sie ihren Hunger nicht stillen könnten. Anders verhält es sich jedoch bei den Menschen; die menschlichen Bedürfnisse haben keine physiologisch umrissenen Grenzen, und wir sehen insbesondere bei den vom Schicksal Auserwählten, daß sie niemals genug haben: Sie haben niemals genug Ruhm, Geld, Erfolge oder Anerkennung. Dank dieser Fähigkeit zu unbegrenztem Wachstum der Bedürfnisse sind die Menschen einerseits schöpferisch, andererseits aber auch unglücklich: Das unbefriedigte Verlangen ist ganz offensichtlich Quelle kreativer Anstrengungen, aber zugleich auch eines Gefühls der Benachteiligung.

Ist jedoch dieses Benachteiligungsgefühl lediglich ein Anstoß zu weiteren Anstrengungen, muß es nicht mit Neid in Verbindung gebracht werden, und wir können es gutheißen. Sehr oft schleicht sich aber wahrscheinlich Neid ein.

Neid ist zwar eine rein menschliche Emotion, aber keine der üblichen Reaktionen wie Angst oder Hunger; dennoch scheint er gleichsam wie von selbst und unbeabsichtigt, wie unter dem Zwang der Umstände, aufzutauchen. Solange es sich um die Emotion eines einzelnen Menschen handelt, braucht es keiner Ideologie oder Doktrin. Anders verhält es sich, wenn Neid zu einer gesellschaftlichen, gesellschaftlich bedeutenden Erscheinung wird. Eine ideologische Begründung ist dann erforderlich. Man spricht in einem solchen Fall vom Wunsch nach Gerechtigkeit und der Forderung nach Genugtuung für erlittenes Unrecht. Wir müssen uns jedoch in acht nehmen: Wenn wir so sprechen, sollten wir nicht zu verstehen geben, daß die Forderung nach Gerechtigkeit stets ein ideologisches Mäntelchen oder eine Maske für den Neid sei, jene Böses anrichtende Emotion. Nein, eine solche Forderung kann eine gute, ja sogar eine ausgesprochen gute Begründung haben, auch dann, wenn sie von der Macht des Neides angetrieben wird. Man darf annehmen, daß in Gesellschaften, in denen ein starker und sichtbarer Klassenunterschied bestand, die Menschen aus den armen Bevölkerungsschichten dies als Teil der natürlichen Ordnung, der göttlichen Fügung oder des unabänderlichen Laufs der Welt annahmen, obwohl sie die krassen Unterschiede zwischen ihrem eigenen und dem Lebensstil der Begüterten sahen; wenn es anders gewesen wäre, hätten sie sicherlich ständig revoltiert, die Geschichte lehrt uns jedoch, daß es nur sporadisch und unter besonderen Umständen zum Aufruhr der Armen gegen die Reichen im Namen der Gerechtigkeit kam. Heute jedoch, da fast alle auf der Welt den theatralischen Inszenierungen von Luxus, Reichtum und Ruhm auf den Fernsehbildschirmen ausgesetzt sind, ist kaum zu erwarten, daß diejenigen, die in echter Not leben, dies als Bestandteil einer angeborenen Schicksalsfügung anerkennen. Dabei ist es unmöglich zu bestimmen, was unter Not zu verstehen ist, ohne die psychologischen, gesellschaftlich festgelegten Situationen zu berücksichtigen, außer es handelt sich um ein Leben unterhalb einer physiologisch ertragbaren Grenze. Es kann durchaus sein, daß ich genügend Lebensmittel für mich und meine Familie habe, ebenso Geld für Bekleidung und Heizung sowie zumindest eine medizinische Grundversorgung und eine entsprechende Schule für meine Kinder – und dennoch von Neid zerfressen auf andere blicke, die mehr haben. Unmöglich ist eine allgemeine Feststellung, wann die Not eine zulässige Grenze überschreitet, so daß der Neid und die sich daraus ergebenden Ansprüche, die mit Neid in Verbindung gebracht werden, rechtmäßig sein können und wahrhaftig als eine Forderung nach Gerechtigkeit zu nennen wären, und wann diese nichts anderes sind als die Unfähigkeit, sich damit abzufinden, daß irgend jemand mehr hat als ich, und sei dies auch ganz offensichtlich wohlverdient.

Über das Unglück, das egalitäre Ideologien hervorgerufen haben, erfahren wir aus der Geschichte; gegen den Neid mit religiösen Predigten vorgehen zu wollen ist aber insbesondere heute wirkungslos; wahrscheinlich sind solche Predigten jetzt auch selten geworden, weil sich die Kirche hauptsächlich auf andere, leichter zu benennende Sünden konzentriert. Möglicherweise findet sich übrigens in der Kirche das Gefühl einer gewissen Verlegenheit angesichts des Stils jener früheren Päpste und Priester, die eindeutig gefordert haben, daß wir alle existierenden Ungleichheiten, alle Hierarchien und Klassenunterschiede als eine göttlich gegebene Ordnung anerkennen. Obwohl aber die Verurteilung unerträglicher Ungleichheit und vermeidbarer Not mit der heutigen Kirchenlehre in Einklang steht, ebenso wie die Ermunterung derjenigen, die durch gesellschaftliche Verhältnisse Unterdrückung und Mißachtung leiden, sich zu organisieren und zu verteidigen, und der Aufruf an die Privilegierten, ihre Augen vor der menschlichen Not nicht zu verschließen, ist der Neid und alles Unglück und Niedertracht, die er mit sich bringt, durchaus kein veraltetes Thema, und zwar weder in moralischen noch in politischen Kategorien. Wie in allen Fragen dieser Welt haben wir es auch hier mit Doppeldeutigkeiten zu tun, die schwer zu entwirren sind.

Wieviel Neid in einer Gesellschaft existiert, läßt sich verständlicherweise nicht berechnen, und es ist auch zweifelhaft, ob es möglich ist, die Erforschung der öffentlichen Meinung so zu gestalten, um hierüber glaubwürdige Ergebnisse zu erhalten. Dennoch sind Beobachtungen auf der Grundlage des gesunden Menschenverstandes nicht unerlaubt. Irgendein Schriftsteller kann einen Tobsuchtsanfall bekommen, wenn ihm ein anderer Schriftsteller eine solche Schweinerei bereitet und sich erdreistet, den Nobelpreis zu bekommen. In dieser Hinsicht gibt es verschiedene Traditionen. Die amerikanische Gesellschaft, die ohne eine Einteilung in Klassen im europäischen Sinn entstanden ist, ohne Aristokratie und Privilegien, in der also die Unterschiede zwischen den Menschen hauptsächlich quantitativer Natur sind, in Geld zu berechnen, ist vielleicht dem Dämon des Neids weniger ausgesetzt. Polen ist nach diesen, vom gesunden Menschenverstand geleiteten Überlegungen ein überaus fruchtbarer Boden für derartige Emotionen. Ein amerikanischer Unternehmer muß entsprechend den dort üblichen Gepflogenheiten ein teures und neues Auto fahren, das den anderen seine gesunde finanzielle Kondition demonstriert. Somit ist dies ein Teil seiner Selbstkosten. Irgend jemand aus dem akademischen Bereich wiederum kann einen alten Klapperkasten fahren, ohne daß ihm dies zum Nachteil gereichte oder seine Reputation darunter litte. Am lebhaftesten wird natürlich Neid im eigenen, engeren Umfeld empfunden. Wenn ich selbst kein Schauspieler bin, brauche ich den großen Schauspielern ihren Ruhm nicht zu neiden, bin ich aber ein etwas mißratener Maler, kann mir der Neid über bedeutende Erfolge anderer Maler arg zusetzen.

Ich wiederhole jedoch: Allein das Streben, es anderen, die einen Erfolg erzielt haben, gleichzutun, ist weder zerstörerisch noch schlecht, solange es zu höherer Leistung anspornt; zerstörerisch und schlecht ist es dann, wenn mein Trachten darauf hinzielt, daß es niemandem besser ginge, und wenn meine Bemühungen darauf ausgerichtet sind, um demjenigen, der erfolgreicher ist, in der Hoffnung zu schaden, daß ich ihn dadurch auf mein eigenes Niveau herabziehen und wir so »gleich« sein werden. Tagtäglich beobachten wir dies. »So ruhig sollen sie nicht schlafen, wenn ich nicht schlafen kann« – um ein Gedicht von Staff zu zitieren.

Die Frage sei erlaubt: Läßt sich Neid bekämpfen? Im Falle des Neids, der zu einer gesellschaftlichen Bewegung geworden ist, scheint mir dies ein aussichtsloses Unterfangen. Man kann versuchen, ihm etwas von seiner Kraft zu nehmen, unabhängig davon, ob er sich auf berechtigte oder unberechtigte Forderungen stützt, aber der Neid als solcher wird wohl nicht vernichtet werden können. Individueller Neid dagegen läßt sich vielleicht mit Hilfe des Verstandes oder der Intelligenz abschwächen, aber Intelligenz ist dazu notwendig.

Es geht darum: Neid kleidet sich gern – und zwar unabhängig davon, ob individuell oder kollektiv, ethnisch oder klassenbezogen – in Ideologien, die den Anschein von Rechtmäßigkeit haben; es waren ja die anderen – zum Beispiel die Deutschen oder die Russen oder die Ukrainer, die Juden oder die Polen –, die uns so furchtbares Leid zugefügt haben. Oder: Dieser Mensch hat mir so furchtbar Unrecht angetan. Das Unrecht kann real oder imaginär sein, korrekt beschrieben oder ungeheuer übertrieben, stets aber gibt es dem Neid einen Anschein von Rechtmäßigkeit. Der Neid selbst aber ist, anders als der Haß, der sich aus anderen Quellen nährt, etwas, dessen man sich schämt, das man nicht zur Schau stellen sollte. Dabei ist es, wie ich bereits gesagt habe, schwierig, Neid zu verbergen, und die Neider enthüllen, wenn sie sich ihren Emotionen hingeben, ihre Erbärmlichkeit äußerst wirksam, obwohl es ihnen ihre Blindheit meist nicht erlaubt, dies zu bemerken. Wer jedoch diesen einfachen Sachverhalt durchschaut hat, wird sich zurückhalten, Neid zu zeigen, und wenn ihm dies gelingt (aber, ich wiederhole, dazu ist Intelligenz notwendig), wird er die Emotion selbst irgendwie unterdrükken.

Neid schadet demjenigen, gegen den er gerichtet ist, nur wenig; der Betroffene kann ihn nämlich ohne Schwierigkeit unbeachtet lassen, sieht er doch, wie sich der Neider selbst lächerlich macht. Dem Neider selbst schadet er jedoch und bereitet ihm Qualen. In einem deutschen Sinnspruch, dessen Verfasser ich nicht kenne, heißt es: »Eifersucht ist Leidenschaft, die mit Eifer sucht, was Leiden schafft.« Neider sind demnach an ihrem Unglück selbst schuld. Der Zyniker Antisthenes pflegte zu sagen: Der eigene Charakter frißt sie auf wie Rost das Eisen. Wenn sie sich dieser dummen Emotion hingeben, werden sie niemals den Wein des Lebens kosten, nach dem sie lechzen.

Von Beerdigungen

Wer viele Jahre das Vergnügen hatte (falls dies das richtige Wort ist), auf dieser Welt zu weilen, der hat unweigerlich ein gerüttelt Maß an Erfahrungen in der Teilnahme an Beerdigungen gesammelt. Auch ich habe an zahlreichen Beerdigungen teilgenommen – katholischen, evangelischen, jüdischen, weltlichen und kommunistischen, aber die Beerdigungsrituale anderer, nichteuropäischer Zivilisationen kenne ich nur aus Büchern. Nach Auskunft von Ethnographen ist die Vielfalt und Vielzahl dieser Rituale verwirrend groß, und darunter sind auch zahlreiche Bräuche, die uns sonderbar erscheinen. Ich habe jedoch nicht vor, aus dieser Literatur irgendwelche aus dem Rahmen fallende Sitten zu zitieren, sondern ich berufe mich auf unsere gemeinsame, gewöhnliche europäische Erfahrung.

Wir gehen zu Beerdigungen von Freunden und Angehörigen, die wir aus innerem Bedürfnis auf ihrem letzten Weg begleiten; aber wir nehmen auch aus gesellschaftlichen oder bürokratischen Gründen an Beerdigungen von Menschen teil, die uns gleichgültig sind. Augenfällig ist dabei der Unterschied zwischen einem kirchlichen, insbesondere einem wahrhaft katholischen Begräbnis und einem weltlichen. Bei weltlichen Bestattungen verspüren wir eine gewisse unvermeidbare Ungeschicklichkeit, eine Verlegenheit, als ob der Dahingeschiedene durch sein Sterben eine Art Taktlosigkeit begangen hätte. Kein Wort des Trostes ist möglich, und sogar dann, wenn irgendein Redner die Verdienste des Verstorbenen lobt und meint, daß sein Werk fortleben werde (woher will er das wissen?), empfinden wir dies als einen künstlichen und wenig überzeugenden Versuch, sich von den Fesseln der Niedergeschlagenheit zu lösen. Die meisten Teilnehmer würden sicherlich am liebsten diesen unwirklichen Kontakt mit dem Verblichenen möglichst schnell beenden. Eine katholische Beisetzung ist selbstverständlich ebenso voller Trauer, aber zugleich auch von Hoffnung erfüllt, da der Verstorbene der Barmherzigkeit Gottes anvertraut ist. Der Priester fordert die Anwesenden auf, für die Seele unseres Bruders seligen Angedenkens zu beten, und kündigt die Auferstehung an; so verabschieden wir ihn einfach vor seiner großen Reise in das himmlische Jerusalem. Das Ritual ist fest eingebunden im Glauben, in dem der Tod überwunden ist. Wir können also wie in der Hymne des Prudentius rufen: Iam maesta quiesce querela,/Lacrimas suspendite, matres,/Nullus sua pignora plangat,/Mors haec reparatio vitae est (Besänftigt nun die schmerzliche Klage,/Trocknet eure Tränen, Mütter,/Keiner soll zum Trauergesang anheben,/Dieser Tod ist Erneuerung des Lebens).

Auf ähnliche Weise suchen die religiösen Rituale aller Zivilisationen, von den archaischen angefangen, den Tod zu bändigen, wenngleich sie sich sowohl in der Art der Beseitigung der Leichen als auch in der Vorstellung über das weitere Schicksal des Verstorbenen unterscheiden. Auch die Freimaurer pflegten einst in den Sarg ihres Mitbruders Blätter des Akazienbaums zu legen, eines Baums also, der die Wiedergeburt ankündigen sollte, wie sich aus der Geschichte über die Ermordung Hirams, des Erbauers des ersten Tempels, ergibt.

Der Tod ist, wie wir wissen, nicht nur ein natürliches Ereignis, sondern auch ein gesellschaftliches, religiöses und kosmisches. Wir sprechen hier natürlich von einem Tod, der eintritt in einer gewöhnlichen, relativ stabilen Lebensordnung; in Zeiten großer Naturkatastrophen, furchtbarer Seuchen, des Krieges oder des Völkermordes sind normale Beerdigungen oft undurchführbar, und die Leichen werden in

Massengräbern verscharrt oder eingeäschert, die Gebeine sind anonym, und es gibt keine Zeit für Rituale. In – zumindest annähernd – normalen Zeiten sind Rituale unerläßlich. Obwohl der Tod kein seltenes oder außergewöhnliches Ereignis ist, greift er stets den Zusammenhalt der Gemeinschaft an, erzeugt Unruhe und Angst, reißt aus der Routine heraus. Das Ritual soll die Normalität wiederherstellen und die verletzte Gemeinschaft von neuem bestärken. In unserem Brauchtum ist auch der Leichenschmaus Teil dieses Prozesses: Wir kehren nach Hause zurück, alles funktioniert, wir setzen uns zu Tisch, und wir sind dieselbe Gemeinschaft.

Anthropologen weisen nicht selten auf unsere ambivalenten oder geradezu entgegengesetzten Emotionen angesichts des Todes hin, die in den Ritualen auch deutlich werden. Einerseits sollen uns die Rituale der unverminderten Anwesenheit des Verstorbenen, seines Fortwährens im selben Kosmos versichern, andererseits bestätigen sie seine Abwesenheit in der uns bekannten Ordnung, so daß wir gleichzeitig sowohl mit dem Verstorbenen zusammensein als auch ihn in eine andere Welt abschieben möchten, um die Fortdauer unseres Gemeinschaftslebens neu festigen zu können. Die Akzeptanz des Todes und der Protest gegen ihn: zwei untrennbare Seiten unseres Lebens.

Verschiedene Rituale dienen der Reinigung des Verstorbenen. Diese Reinigung vollzieht sich in der römisch-katholischen Kirche im Ritual der Letzten Ölung. Der Verstorbene ist vor seiner letzten Reise geistig geheilt. Hierzu haben wir die Bußpsalmen: Asperges me hysopo et supra nivem dealbabor (Entsündige mich mit Ysop, dann werde ich rein, wasche mich, dann werde ich weißer als Schnee, 51,9). Zugleich ist klar, daß die Kirche der Urheber dieser Reinigung ist, weshalb auch die, die außerhalb der Kirche stehen, von diesem erlösenden Ritual ausgeschlossen sind. Im nachtridentinischen Rituale Romanum war die Liste derer, die nicht kirchlich beerdigt werden durften, ziemlich lang: Heiden, Juden, alle Ungläubigen, Häretiker, Apostaten, Schismatiker, öffentlich Exkommunizierte, mit Interdikt Belegte, Selbstmörder (falls sie sich nicht auf Grund eines Wahns töteten, sondern aus Verzweiflung oder Wut, und vor dem Tod keine Reue bezeugten), im Duell Getötete (sogar dann, wenn sie vor dem Tod Reue zeigten), öffentlich Sündigende, die ohne Reue ums Leben kamen, diejenigen, von denen man weiß, daß sie während eines Jahres weder zur Beichte noch zur Kommunion gingen, und schließlich Kinder, die ungetauft starben. Wir vermuten, daß alle, die auf dieser Liste genannt sind, den Abgründen der Hölle zustreben. So war es, heute ist die Kirche in diesen Fragen weniger streng.

Die Ambivalenz unserer Rituale zeigt sich auch in unserem Verhältnis zu den Körpern der Toten. Einerseits lehrt uns das Christentum, daß der Leib, der zu Grabe getragen wird, gleichsam eine unwichtige, eben verlassene Hülle ist, in der nichts mehr vom Geist des Toten zurückbleibt, andererseits aber sollen wir der Leiche, die wir feierlich, nicht selten prunkvoll der Erde übergeben, Ehre erweisen. Diese Doppeldeutigkeit findet sich in vielen Kulturen. Nur in wenigen wird der Körper so verehrt wie im alten Ägypten (übrigens betraf dies nur die höheren Stände). Aber auch dort, wo die Toten verbrannt werden und die Asche in den heiligen Fluß gestreut wird, wie in Indien, oder wo die Toten ins Meer geworfen werden, und schließlich dort, wo ihre Körper den Geiern zum Fraß vorgesetzt werden, wie bei den Parsen und Zoroastern (manchmal auch bei den Buddhisten), werden die Toten nicht einfach verachtet und weggeworfen: Nein, sie werden der Natur anvertraut, den Geistern des Meeres und den Geistern des Flusses. Der Verehrung der Toten dienen ebenso Rituale, die für unser europäisches Verständnis grauenvoll sind, und zwar der an Leichen vollzogene Kannibalismus.

Wir wollen an die Verbundenheit mit unseren Lieben, die

uns verlassen haben, glauben, aber wir wollen auch die Trennung. Im antiken Rom wurden in regelmäßigen Zeitabständen Rituale abgehalten, die eine Rückkehr der Verstorbenen als Lemuren, als Geister, verhüten sollten. In einigen Winkeln Europas ist das Aussprechen des Namens eines Toten tabuisiert; nach Eintritt des Todes werden auch Spiegel verdeckt. Spiritistische Versuche, um Kontakt zu Verstorbenen aufzunehmen, sind in der römischen Kirche streng verboten (wir sollen jedoch an die Gemeinschaft der Heiligen glauben und flehende Gebete an sie im Himmel richten, aber die Heiligen, das sind nicht unsere Verstorbenen, sondern himmlische Wesen). Wir sehen diese Doppeldeutigkeit im Verhältnis der Kirche zur Leichenverbrennung; sehr streng äußerten sich zu diesem Thema die Päpste Leo XIII. und Pius IX. und letztens, weniger streng, Paul VI. Die Leichenverbrennung ist nichts Böses an sich, und sie ist zulässig, wenn es Schwierigkeiten mit der Bestattung gibt und wenn es sich nicht um eine gezielte Beleidigung des Christentums handelt, denn eine Verbrennung kann weder der Unsterblichkeit der Seele schaden noch Gott bei der Auferweckung des Menschen am Tage des Jüngsten Gerichts Schwierigkeiten bereiten (wir erinnern uns aber an die Geschichte von Gott, der in Anwesenheit des Propheten Ezechiel die Gebeine der Toten auferweckt).

Die Teilnahme an Beerdigungen war ein gewichtiges Gebot. Wenn wir zu einer bestimmten Gemeinschaft dazugehören, müssen wir diese Pflicht erfüllen (ich selbst ging, solange ich in Polen lebte, ziemlich oft zu Beerdigungen, aber in England und auch in den Vereinigten Staaten von Amerika passiert mir das selten, was wiederum ein Zeichen der Entfremdung oder einer schwachen Integration in diesen Ländern ist).

Nur in England, was ich anmerken möchte, hörte ich manchmal ein vom Redner absichtlich provoziertes Lachen während einer Beerdigung. Dabei geht es gar nicht um fehlenden Respekt gegenüber den Verstorbenen (ich beobachtete dies bei Begräbnissen von Angehörigen der kulturellen Elite dieses Landes), sondern wohl eher um eine Lockerung der Anspannung.

Der Tod ruft sowohl Faszination hervor, die insbesondere in einigen Zivilisationen zu finden ist (Mexiko sei als Beispiel genannt), als auch den Wunsch, alles, was damit zusammenhängt, aus dem Gedächtnis zu verbannen. In allen Zivilisationen, den großen wie den kleinen, werden jedoch die sterblichen Überreste mit Achtung umgeben. Diese könnte überflüssig erscheinen, ist es aber nicht, ganz im Gegenteil, sie ist wichtig für die Kultur und ist Teil der Achtung für das Wesen des Menschen, obwohl wir wissen, daß in dem toten Körper dieses Wesen des Menschen nicht mehr vorhanden ist. Es ist dies keine religiöse Frage, denn nach religiösen Kategorien könnte der tote Körper bedeutungslos erscheinen – der Verstorbene lebt an einem anderen Ort, anders und besser. Es ist eine weltliche, überaus wichtige Frage. Das Vorhandensein materieller Spuren der Verstorbenen vergegenwärtigt einfach die gemeinsame Geschichte und erinnert an sie; ohne das Gefühl aber, daß wir in einer fortwährenden Gemeinschaft leben, die in der Vergangenheit bestand und in die Zukunft weist, könnten wir unsere Kultur nicht bewahren. Diese Achtung kann sich übrigens in Formen ausdrücken, die Widerspruch hervorrufen. In Polen ist es zum Beispiel üblich, sich darum zu bemühen, die Gebeine berühmter Landsleute, die außerhalb der Heimat gestorben sind, zurückzuführen. Abgesehen von Einzelfällen sind dies aber keine klugen Ansinnen. Die in aller Welt verstreuten Gräber der Polen, der verschiedenen Verbannten, Verschleppten, Emigranten, Soldaten fremder Armeen – das ist schließlich ein bedeutendes Zeugnis des historischen Schicksals des Volkes, das als solches geachtet werden muß, anstatt zu rufen »diese Gebeine sind unser Eigentum« (glücklicherweise werden uns die Franzosen die

Gebeine Chopins vom Friedhof Père Lachaise niemals zurückgeben).

Wir sehen jedoch, wie unsere Beerdigungs- und Friedhofstraditionen verfallen. In vielen Gegenden gibt es schlicht keinen Platz für neue Friedhöfe, und die Feuerbestattung findet immer mehr Verbreitung. Wir wissen aber, daß ein Spaziergang über einen traditionellen Friedhof für die Seele wohltuend und erbaulich ist oder sein kann, während die übereinandergeschichteten unzähligen Schubladen, in denen die Asche verstaut ist, keinen Eindruck mehr machen; sie sind stumm und gleichgültig und vermitteln kein Gefühl historischer Kontinuität, in der wir unseren Platz haben.

Immer häufiger werden sofort nach Eintritt des Todes den Verstorbenen verschiedene Organe zur Verpflanzung entnommen. Es wird sogar, wie es heißt, gefordert, daß dieser Eingriff routinemäßig durchgeführt werden dürfe, falls der Verstorbene selbst vor seinem Tod keinen Widerspruch eingelegt hat (in einigen Länden wird dies bereits so gehandhabt). Selbstverständlich geht es um die Rettung von Leben, was zweifellos gut ist. Dennoch gestehe ich, daß es mir unangenehm wäre, wenn Menschen, die mir nahestehen, nach ihrem Tod so behandelt würden – als Ersatzteillager. Ist dies ein irrationales Gefühl? Vielleicht. Doch dahinter verbirgt sich ein wichtiges Problem. Wir dürfen, wenn es Gründe dafür gibt, schlecht über Tote sprechen, aber wenn wir uns alle daran gewöhnen, daß ihre sterblichen Überreste wie ein Stein am Straßenrand sind, unpersönlich, sachlich, ohne Bezug zu unserem Seelenleben, wenngleich manchmal nützlich, dann droht uns, daß wir auch die Lebenden wie austauschbare Gegenstände behandeln werden. Und das wäre das Ende unserer Kultur.

Von Masken

Ich verstehe nichts von der Geschichte der Masken, von denen es bekanntlich viele Gattungen gibt: Theatermasken, rituelle und totemistische Masken, Kriegsmasken, Schutzmasken, Totenmasken. Deshalb beziehen sich meine Überlegungen nicht auf die Geschichte, sondern auf die Idee als solche, auf die Natur der Maske als solcher.

Selbstverständlich ist es weder im Theater noch bei rituellen Handlungen Aufgabe der Maske, andere Menschen dazu zu bringen, daß sie den Maskierten – den Schauspieler, Schamanen, Priester – für jemand anders halten, als er ist. Heute werden zwar im europäischen Theater Masken nicht verwendet, außer für spezielle Effekte, aber im weiten Sinne des Wortes kann alles, was beim Zuschauer Realität vortäuschen soll, als Maske angesehen werden: Kostüme, Bewegungen, Dekorationen. Jeder Zuschauer weiß, daß er einen Schauspieler vor sich hat und nicht den Ödipus, die Phädra oder Macbeth, aber er ist bereit, sich der Täuschung hinzugeben, und er weiß, daß es eine Täuschung ist, um Betroffenheit, Mitleid oder Haß zu erfahren – Emotionen also, die insofern echt sind, als sie erlebt werden, aber dennoch, wenn man so sagen darf, gefahrlos sind, eben weil sie in einem vorgestellten Raum vor sich gehen (ob wir es hier mit der aristotelischen Reinigung zu tun haben, möchte ich dahingestellt sein lassen, da allem Anschein nach niemand sicher ist, worum es Aristoteles dabei genau ging). Ebendeshalb konnte man den Verdacht hegen, daß die Theatermasken (in diesem weiten Sinn des Wortes) den Zuschauer zwar nicht täuschen, da er ja weiß, daß es eine Maske und kein Gesicht ist, aber dennoch von Lüge durchdrungen sind, weil sie die Gräßlichkeiten der Welt in einen Rahmen zwängen, der ihnen Schönheit und Ordnung verleiht, sie gewissermaßen nobilitiert. Wir haben es also mit einer dialektischen Lüge, ohne zu lügen, zu tun; eigentlich kann man diese Feststellung auf alle Kunstgattungen anwenden, zumindest auf die sogenannten semantischen. Einen solchen Verdacht kann man bei Nietzsche finden. Danach würde die Kunst nicht so sehr Enklaven des Schönen inmitten der Häßlichkeit der Welt schaffen, als vielmehr die Häßlichkeit verheimlichen, indem sie ihr eine schöne Maske überstülpt. Tatsächlich könnte ein Anhänger dieser Theorie sagen, daß in einem Paar zerrissener, abgetragener Schuhe nicht eine Spur von Schönheit zu finden sei, und dennoch hat es van Gogh verstanden, diese Schuhe in einen ausgesprochen ästhetischen, wertvollen Gegenstand zu verwandeln; diese beiden Schuhe werden gleichsam veredelt, werden Teil einer Welt, die Glanz und Ordnung annahm. Ähnlich auch hier: Wir erinnern uns an die abstoßenden Fratzen der römischen Soldaten auf verschiedenen Gemälden, die die Kreuzigung oder Geißelung Jesu darstellen; die Fratzen sind wirklich abstoßend, und dennoch kann uns das Bild entzücken.

Demnach ist eine Kunst, die die Wirklichkeit nachzuahmen sucht, mit Lüge unterfüttert, denn so oder so ahmt sie die Welt nicht wirklich nach, sondern verhüllt ihre Niedertracht und Häßlichkeit mit wunderschöner Farbe, mit einer verlockenden Maske. Solchen Überlegungen, die in dieser Form ausgesprochen wurden oder sich in anders konstruierten Ideologien verbargen, entsprangen sicherlich die zahlreichen Versuche, die sogenannte »Illusionistik« beiseite zu lassen, und zwar in fast allen Kunstgattungen. Am wenigsten war dies vielleicht im Film der Fall, was sicherlich leicht zu erklären ist: Der Film soll das Volk, die »Massen« ansprechen, denn seine Produktion ist kostspielig, und alle Teilnehmer wollen daran gut verdienen, das Volk aber beziehungsweise die »Massen« reagieren unwillig auf eine Kunst, die auf eine Vortäuschung der Realität verzichtet, und sie behaupten, daß sie sie nicht verstünden. Antiillusionistische Maßnahmen gingen in verschiedene Richtungen. Man konnte ein Kunstwerk so konstruieren, daß es dem Zuschauer oder Leser selbst sagte: »Das ist ein Kunstwerk, das ist nicht die Wirklichkeit.« Bertolt Brecht nannte diese Befreiung von den Zaubereien des realistischen Theaters »Verfremdungseffekt«; Chöre und Songs, die nicht unbedingt mit dem Erzählfluß in Verbindung stehen, verstärken ebendiesen Eindruck: »Das ist Theater.« Der Schauspieler soll in gewollter Opposition zur Tradition von Stanislawski Schauspieler sein und nicht jemand, der versucht, sich mit der Gestalt, die er spielt, zu identifizieren. In diesem Sinne ist auch die Minimalisierung des Bühnenbilds zu verstehen. Wenn aber eine Maske auftaucht, dann hat sie nicht die Aufgabe, dem Zuschauer einzureden, daß der Schauspieler nicht der ist, für den er sich ausgibt, sondern eben die Künstlichkeit, also die »Unechtheit« des Schauspiels zu unterstreichen. Das Theater des 20. Jahrhunderts betont diese seine eigene »Unechtheit«, die eine Arznei gegen die Unwahrheit des realistischen Schauspiels sein sollte, in unterschiedlichem Maß und in unterschiedlichen Formen; eine Unwahrheit vertreibt die andere. Das Theater konnte den Zuschauer weiterhin ansprechen, ihn belehren, moralisieren, unterhalten und sogar berühren, aber auf eine andere Weise als die alte Literatur. Eine Tragödie von Shakespeare oder Ibsen konnte dem Zuschauer den Atem stocken lassen und ihn zu Tränen rühren, aber ein Stück von Brecht und erst recht eines der späteren Avantgarde, von Ionesco oder Beckett, tut dies nicht mehr: Es kann das Elend der Existenz aufzeigen (also »demaskieren«, der Maske berauben), das Chaos des Seins und die Abwesenheit jeglichen Sinns, es kann manchmal die Sehnsucht nach etwas Besserem, nach Güte, Freundschaft, Gerechtigkeit, Gott wecken, aber es will nichts vorheucheln, obwohl es sich nicht völlig von einer Erzählform befreien kann (Beckett ist in diesen Bemühungen wohl am weitesten gegangen; weiter ist es wahrscheinlich nicht möglich, weiter gäbe es nur noch Gestammel). Niemand hätte in früheren Zeiten eine Operette mit dem Titel »Operette« schreiben können wie Gombrowicz; dabei handelt es sich um eine Literatur, die – wie meistens im Werk von Gombrowicz – mit dem Finger auf sich selbst zeigt: Ich bin Literatur.

In demselben Geist entwickelte sich die Malerei seit Mitte des 19. Jahrhunderts. Immer häufiger erklärt ein Bild dem Betrachter: Ich gebe nicht die Kathedrale von Rouen wieder oder die Seerosen im Wasser, damit ihr euch der Täuschung hingebt, daß ihr ebendas seht, ich bin ein *Gemälde*. Manche gingen in ihren Theorien noch weiter und behaupteten, daß es den Malern schon immer um kreative Farbzusammenstellungen ging und nicht um die Nachahmung der Wirklichkeit: Das ist gar nicht wirklich Rembrandts Mutter, das ist gar nicht wirklich die Ansicht von Delft, das sind Versuche von Farbzusammenstellungen, deren darstellerische Seite (die »Anekdote« oder »Literatur«, wie dies hieß) zufällig beziehungsweise bedeutungslos ist, als ob der Inhalt eines Gemäldes eine irreführende Maske wäre und die Wahrheit in der reinen »Malerei« läge. Sicherlich fällt es uns Laien schwer, daran zu glauben. Aber vielleicht gab es in der Vergangenheit solche Bemühungen. Und da drängt sich die Vermutung auf – ich sage das mit aller Vorsicht, denn möglicherweise werden mich Kunstkenner auslachen –, daß eines der berühmtesten Gemälde in der Geschichte, »Las Meninas« von Velásquez, uns eben gerade das mitteilt: Ich bin ein Gemälde. Möglicherweise findet sich dieses Motiv bereits bei den Protosurrealisten des 16. Jahrhunderts, wie Bosch oder Arcimboldi.

Möglich sind auch andere Versuche der Demaskierung, des Sichlosreißens von der angeblichen Lüge der Kunst. In

London gibt es am Südufer der Themse ein großes Kulturzentrum, in dem sich Theater, Kunstgalerien und Museen befinden. Unter architektonischen Gesichtspunkten ist dies ein abstoßendes Bauwerk, ein Geschwür auf dem lebendigen Leib der Stadt; von außen sieht es wie ein düsterer Bunker aus, innen wie ein Wartesaal am Bahnhof. Das Gebäude ist so häßlich, daß ich zu dem Schluß kam, dahinter müsse sich irgendeine Ideologie verbergen. Ich fragte jemanden, der etwas davon versteht, und wurde in meiner Vermutung bestätigt: In der Tat, das war das Produkt einer Ideologie, die sich auf folgende Aussage gründete: »Das Leben ist häßlich, also sollte auch die Architektur häßlich sein.«

Dieser scheinbar verblüffende Unsinn ist wohl gar nicht so selten, wie man meinen möchte. Stellen wir demjenigen, der glaubt, daß es in unserem Leben keine Masken geben dürfe, weil sie die Lüge und ein falsches Bild unserer Welt verbreiten, die einfache Frage: Sind die verschiedenen Vorkehrungen, die eine Frau tätigt, um mit Hilfe von Schminken, passender Frisur, eleganter Kleidung, Schmuck und so weiter ihre Schönheit besser zur Geltung zu bringen, dasselbe wie das Anlegen einer Maske, also ein verdammenswürdiger Betrug? Manche werden dem zustimmen. Wenn das als Lüge gilt, dann ist alles, was wir nicht auf »natürliche« Weise tun, Lüge. Wir müßten wie Diogenes von Sinope leben, der nicht nur jeglichen Schmuck verdammte, die Kunst verachtete (er pflegte zu sagen, daß wertvolle Dinge wie Getreide billig verkauft würden, wohingegen unnötige Dinge wie Statuen sehr teuer seien) und verlangte, daß wir unsere Bedürfnisse auf das Allernötigste beschränken, sondern auch meinte, daß es richtig sei, verschiedene natürliche Bedürfnisse öffentlich zu befriedigen. Zugleich aber bettelte er bei seinen Bekannten, um zu überleben, wobei es nicht eindeutig erwiesen ist, ob er diese Lebensweise ebenfalls als im Einklang mit der Natur ansah.

Nun glaube ich nicht, daß ich ein Sonderling bin oder von

einem seltenen Irrsinn befallen, wenn ich behaupte, daß es mir lieber ist, wenn sich die Mädchen um ihr Aussehen kümmern und hübsch anziehen, anstatt sich gezielt durch unerträgliche Farben und gestaltlose, sackartige Fetzen häßlich zu machen und zu verunstalten, wie dies geschieht. Eine andere, ebenso häßliche Mode herrschte Ende der sechziger Jahre; sie sollte Ausdruck einer Revolte sein gegen die Bourgeoisie, die Eliten, das Establishment, die Universitätsprofessoren, die Techniker und schlicht die Menschen, die sich durch irgendein Können auszeichnen. Letztendlich geht es in dem angeblichen Aufruhr gegen die Maske um die Verdammung der Kultur. Kultur ist ja schließlich eine endlose Reihe von Bemühungen, die den Zweck haben, sich von der Tyrannei der Natur zu befreien, diese zu zähmen, ihre Macht zu begrenzen und eine andere Welt zu schaffen. Wenn wir den kindlichen Träumereien von einer Rückkehr zur Natur Glauben schenken würden, einem Leben in Übereinstimmung mit der Natur, hätten wir nicht nur keine Kunst und keinen Schmuck, sondern auch keine Medizin und müßten das ganze technische Fundament entbehren, auf das sich unser Leben stützt. Seit die Menschheit die Zivilisationsstufe der Jäger und Sammler verlassen hat und begann, Felder zu bestellen, Häuser zu bauen und Feuer zu entfachen, löste sie sich allmählich von der Herrschaft der Natur. Und nun fing sie auch an, abstrakt zu denken, Malerei und Poesie zu betreiben, in Mythen zu leben und Werkzeuge zu entwickeln. Sind wir auf Grund dieser Prozesse unnatürlich geworden, verstecken wir uns hinter Masken, belügen uns und andere und können unser wahres Gesicht nicht zeigen? Nein. Es gibt keinen Grund zu behaupten, daß unsere tierische Natur die »Wahrheit« sei und das Menschliche, wie wir es landläufig verstehen, eine Entartung, ein freiwilliger Selbstbetrug sei. Eine Maske kann an das Gesicht anwachsen, so daß man sie nicht unterscheiden kann und der Ausdruck »ein falsches Gesicht«

seinen Sinn verliert. Selbstverständlich setzen wir im Leben häufig eine Maske auf, das heißt einfach, daß wir anderen nicht alles, was wir fühlen, denken und wünschen, verraten. Dies ist weitgehend heilsam; wenn wir ohne zu überlegen sofort alles, was uns im alltäglichen Leben in den Sinn kommt oder zu Herzen geht, offenlegten, lebten wir in der Barbarei, außerhalb jeglicher Kultur. Wenn »Wahrheit«, wie Heidegger in Anlehnung an die griechische Etymologie (also richtig) ausführte, soviel wie »Unverborgenheit« bedeutet, so ergibt sich daraus nicht unbedingt, daß wir im Unverborgenen, also Enthüllten, Nackten leben sollen. Es darf behauptet werden, daß wir alle, da wir unter Menschen leben und irgendeiner Tätigkeit nachgehen, irgendwelche Rollen übernommen haben (gleichgültig, ob sie uns durch das Schicksal aufgezwungen oder von uns freiwillig übernommen wurden); gleichwohl ergibt sich daraus nicht, daß diese Rollen Masken seien, hinter denen sich unsere irgendwie geartete »wahre« Natur verbergen soll. Das freudsche Unbehaglichsein in der Kultur, also eben unser Nicht-Tier-Sein, mag zwar lästig sein, aber dank dieser Unbehaglichkeit sind wir Mensch. Ausdruck dieser Unbehaglichkeit ist unter anderem sicherlich die Vorliebe für Masken, aber eine besondere Art von Masken, nämlich der Karnevalsmasken. Auch diese sollen nicht dazu führen, daß wir in den Augen Fremder tatsächlich eine andere Identität annähmen; aber sie können unseren nie befriedigten, ratlosen und vielleicht gar unbewußten Wunsch offenbaren, etwas anderes zu sein, unser Gefühl der Unbehaglichkeit im eigenen, durch die Kultur geformten Kostüm.

Demnach verheimlichen Masken (abgesehen von Strumpfmasken, die Terroristen in Aktion tragen) unsere Natur nicht wirklich in dem Sinn, daß wir meinen könnten, diese ließen sich ablegen. Sie lassen sich nicht ablegen, und jene ersehnte Natur existiert auch nicht mehr. Die Maske ist festgewachsen am Gesicht.

Von Freund und Feind

Hauptsächlich geht es mir hier um die Asymmetrie dieser beiden, seit jeher lebendigen Erscheinungen des menschlichen Lebens. Stimmt es, daß niemand Feinde haben möchte, aber jeder Wert darauf legt, Freunde zu haben, wie es der Glaube an eine Symmetrie dieser beiden Kategorien nahelegen würde? Nein, ich glaube nicht, daß es so ist. Feinde sind oft so notwendig, daß ein Leben ohne sie undenkbar erscheint, sie sind eine erwünschte Bedingung für das Überdauern. Am besten zu erkennen ist dies im Fall kollektiver Gebilde, wie Staaten, Imperien, Stämme, aber auch an zahlreichen individuellen Beispielen läßt sich dieser Sachverhalt beobachten. Für den Aufbau einer Stammesidentität ist ein Feind nützlich, wenngleich nicht unerläßlich. Unerläßlich ist er dagegen für verschiedene Formen der Tyrannei. Je mehr Macht ein Regime oder eine Regierung über die Menschen haben will, desto mehr Feinde braucht es, die es bedrohen, und ein totalitäres Regime würde ohne Feinde nicht lange bestehen. Notwendig sind Kriege, die die besten Gründe liefern, um tyrannische Herrschaften zu festigen, aber insbesondere solche Kriege, die einem totalitären Staat große Siegeschancen böten, sind nicht jederzeit zu haben. Es gibt aber stets gute Notbehelfe, wie Drohungen und das Aufstellen von Forderungen an Nachbarn, die aus irgendwelchen Gründen unsere berechtigten Gebietsansprüche nicht anerkennen wollen; vor allem jedoch ist das ständige Vorhandensein innerer Feinde vonnöten, die gewöhnlich durch auswärtige feindliche Mächte aufgewiegelt und finanziert werden. Die kommunistischen und faschistischen Regime mußten unaufhörlich Feinde ausfindig machen, auf die

die Aggressionen gelenkt werden konnten, und sie produzierten selbst in aufeinanderfolgenden Kampagnen, Säuberungen und Morden diese Feinde; manchmal waren es echte Feinde, manchmal künstlich erzeugte. Aggressionen waren dabei unentbehrlich, und zwar sowohl um die Massen zu mobilisieren, denen eingeredet wurde, daß der Feind Urheber all ihres Unglücks und ihrer Not sei, als auch um einen Grund zu haben für den ständigen Ausbau der Unterdrückungsmaschinerie. Das nationalsozialistische Regime brauchte unausweichlich Juden, Bolschewiken, Plutokraten, Aristokraten, Demoralisierer, britische oder französische Imperialisten, und in ähnlicher Weise brauchte das bolschewistische Regime Trotzkisten, Kulaken, Rechtsabweichler, Saboteure in der Industrie und darüber hinaus ebenfalls Juden und Imperialisten mit ihren Agenten sowie ukrainische oder tatarische Nationalisten.

Der Feind ist kein Konkurrent, der nach denselben Gütern strebt wie wir; er ist auch kein Gegner im Sinn von Sportwettbewerben, wo es jeder Mannschaft darum geht, sich als besser zu erweisen. Der Feind soll nicht in einem Wettstreit besiegt, sondern er soll vernichtet werden, von der Erdoberfläche ausradiert; es kann kein Mitleid für ihn geben (im russischen Wörterbuch aus der Stalin-Zeit gibt es für den Begriff »Mitleid« nur eine einzige phraseologische Erklärung: »für die Feinde des Volkes gibt es kein Mitleid«). Im Kampf mit dem Feind müssen keine Regeln eingehalten und keine Einschränkungen beachtet werden (im deutsch-sowjetischen Krieg wurden Kriegsgefangene auf beiden Seiten massenweise ermordet, und sie wurden auf beiden Seiten geworben, um für den gestrigen Feind zu arbeiten). Eine Konkurrenz kann sich sicherlich sogar unter Individuen, wo der Gegner real und nicht für irgendwelche anderen Zwecke erdacht ist, in eine echte Feindschaft verwandeln, muß es aber nicht; dies kommt bei einer Konkurrenz mit erotischem Hintergrund vor, aber auch bei so harmlosen Vergnügen wie dem Schachspiel.

Jetzt geht es mir aber vor allem um diese Art von Feinden, die nicht - wenn man das so sagen darf - vorgegeben, sondern lebensnotwendig sind. Wie wir sehen, gibt es viele Menschen, die Feinde brauchen, um auf diese ihre durch Frustrationen hervorgerufene Aggressivität zu lenken. Niemand auf dieser Welt kann sich schließlich eines Lebens erfreuen, das nur aus einer Reihe von Erfolgen und gelungenen Vorhaben bestünde; Niederlagen, getäuschte Hoffnungen und vergebliche Bemühungen kommen im Leben eines jeden Menschen vor. Es ist überaus nützlich, wenn jemand anderem die Verantwortung für die eigenen Mißerfolge aufgebürdet werden kann. Manchmal sind es einfach die nächsten Angehörigen, an denen die Frustration ausgelassen wird, manchmal irgendwelche anderen Leute, die uns Unrecht zugefügt, uns unterdrückt, betrogen, uns nicht erlaubt haben, uns zu entfalten und so weiter. Anzuerkennen, daß unsere eigenen Fehler schuld sind, hieße einen Anschlag gegen sich selbst durchzuführen. Andererseits fällt es auch schwer, zur Kenntnis zu nehmen, daß zufällige Umstände und nicht fremder böser Wille uns ins Unglück gestürzt oder unsere Bemühungen zunichte gemacht haben; nicht jeder kann eine stoische Bejahung der Wirklichkeit, so wie sie ist, weil sie ist, aufbringen. Wir brauchen unbedingt unheilverkündende Mächte, boshafte und niederträchtige Absichten, die gegen uns gerichtet sind, um uns nicht an uns selbst zu vergreifen. Aus psychologischer Sicht ist der Feind deshalb eine gute Erfindung zur Selbsterhaltung. Natürlich existieren echte Feindschaften, die Tausende Gründe haben, aber mir geht es jetzt um den Nutzen der Feindschaft, ob sie nun echt oder imaginär ist, und nicht um die Unterscheidung der einen von der anderen.

In allen politischen Konflikten ist zu beobachten, daß ein Feind von Nutzen ist, wenngleich es hier wesentliche Graduierungsunterschiede gibt. Tagtäglich sehen wir, wie die primitivsten und rückständigsten politischen Bewegungen oder

Parteien unentwegt von Verschwörungen, die gegen Volk und Staat gerichtet sind, sprechen, womit ihre ideologische Kraft erschöpft ist. Diese Verschwörungstheorien haben in den verschiedenen Ländern unterschiedliche Gestalt: Häufig sind es Juden oder Freimaurer und Juden oder Liberale oder kommunistisch infiltrierte Liberale (ja, auch das gibt es, die Dummheit kennt keine Grenzen) oder schließlich die Immigranten. Überall gibt es große Probleme, und es gibt Teile der Bevölkerung, die sich benachteiligt fühlen. Gut ist es dann, Unterstützung durch Geschrei zu erlangen, mit dem erklärt wird, daß stets irgendein »Fremder«, ein nicht ganz menschliches Wesen, an der Zurücksetzung oder Not schuld ist.

Somit ist der Bedarf an Feinden zwar nicht universell, aber häufig. Ist das Verlangen nach Freundschaft universell? Wohl auch nicht. Sicher ist, daß man ohne Freunde leben kann, denn es gibt solche. Auch hier spielen verschiedene Faktoren eine Rolle. Der banalste Fall, das sind diejenigen, die keine Freunde haben können, weil sie unerträglich sind und von allen gemieden werden. Ein häufiger, wenngleich weniger banaler Fall sind diejenigen, die sich fürchten, Freunde zu haben, weil sie Angst haben, daß man mit einer Freundschaft eine Last auf sich nimmt, daß ein Freund von uns Leistungen verlangen wird, wir aber allzu viele Verpflichtungen gegenüber uns selbst haben; solche Menschen klagen meistens über die Ungerechtigkeit der Welt, obwohl sie selbst schuld sind, daß sie kaum auf eine freundschaftliche Hilfe anderer rechnen können. Andere meiden Freundschaften, weil sie befürchten, daß diese sie durch ein Übermaß an Intimität zwingen würden, sich einem anderen Menschen gegenüber weiter zu öffnen, als ihnen lieb ist, daß ein Freund eine so weitgehende Offenheit einfordern (»glaubst du, daß sie dich wirklich liebt?«, »was siehst du an ihr?« und so ähnlich) oder daß er sich bemühen werde, über das zulässige Maß hinaus Aufsicht über ihr Leben zu gewinnen, ihnen in der besten Absicht allzu viele freundschaftliche Ratschläge aufzuzwingen, die sie gar nicht erwarten, und beleidigt sein werde, wenn sie sich an diese Ratschläge nicht hielten.

Solche Schwierigkeiten tauchen in der Tat manchmal auf; ein wahrer, nicht vorgetäuschter Freund offenbart gelegentlich einen ausgeprägten Hang zur Überwachung der Angelegenheiten des anderen, oder er versucht Einblick in Dinge des anderen zu gewinnen, die weiter gehen, als dieser es sich wünscht. Selbstverständlich ist dies eine Frage des Ausmaßes, und so kann in solchen Kontakten etwas passieren, das zu einem Riß in der Freundschaft führt oder diese zerstört. Überflüssig zu sagen, daß das Taktgefühl in freundschaftlichen Beziehungen ebenso unerläßlich ist wie in allen anderen.

Wenn wir gegenüber einem anderen Menschen die Regeln der Gerechtigkeit anwenden wollen, können wir nicht mit ihm befreundet sein, weil man sich dann auf allgemeine, abstrakte Regeln berufen muß, deren Einhaltung man von jedem fordert, wohingegen die Freundschaft keine Regeln oder Bedingungen braucht. Wir freunden uns mit Menschen spontan an, gewissermaßen unbemerkt, und dabei braucht es uns gar nicht - ja, strenggenommen darf es nicht einmal - in den Sinn zu kommen, daß der andere unsere Freundschaft »verdient«; man verdient nicht die Freundschaft eines Menschen in dem Sinn, wie man eine Tapferkeitsmedaille im Krieg verdient oder eine gute Note bei Prüfungen. Daß jemand mein Freund ist - darüber muß ich keine Rechenschaft ablegen, es nicht erklären oder begründen. Freundschaft beruht aus der Definition heraus auf Gegenseitigkeit und dem Fehlen von Berechnung; sie setzt auch - ich wiederhole es - keine Regeln der Gerechtigkeit voraus, ja, sie schließt diese sogar aus. Findet sich jemand, der wahre Freunde hat und standhaft behauptet, er wäre in seinen Beziehungen zu diesen niemals dem Standpunkt der Unparteilichkeit untreu geworden, er hätte sich niemals so verhalten, um seinen Freund zu unterstützen und dessen

Angelegenheit parteilich, nicht aber gerecht zu fördern? Wenn sich einer wahrhaftig stets nach dem Grundsatz der Unparteilichkeit richtet oder zu richten versucht, der hat wohl keine wahren Freunde.

Es ist banal und offensichtlich, daß freundschaftliche Beziehungen zu anderen Menschen nicht nur hinsichtlich der Tiefe unterschiedlich sind, sondern auch der Art, das heißt, daß die verschiedenen Bereiche unseres Kontakts unterschiedlich verteilt sind je nach Intensität und Mannigfaltigkeit unserer Interessen an der Welt. Auch ist die Freundschaft zwischen einem Mann und einer Frau (dort, wo die erotische Seite nicht zum Tragen kommt; Argwöhnische behaupten, daß sie immer vorhanden sei, aber das stimmt nicht) anders als die zwischen zwei Männern. Üblicherweise sind nämlich Männer dazu angehalten worden, sich als Zyniker zu geben, was Frauen jedoch nicht tun müssen, und deshalb ist es mit ihnen bei einer bestehenden Freundschaft einfacher, sich ohne Verstellung zu verständigen.

Es kommt vor, daß wir über einen Freund nicht nur eine ungute, sondern eine schändliche Geschichte hören; normal und richtig ist es wohl, daß wir eine solche Geschichte zunächst nicht glauben – wie viele falsche Gerüchte werden schließlich in die Welt gesetzt? –, sondern überprüfen wollen und auch im Falle, daß sie sich nach einer Prüfung als richtig erweist, nach irgendwelchen mildernden Umständen, irgendwelchen anderen Aspekten suchen, die es erlauben, die Sache in einem anderen Licht zu betrachten, daß wir also nach einer teilweisen Freisprechung fahnden. So sollte es wohl sein, und versuchen wir nicht, Richter ohne Fehl und Tadel zu sein, streng nur das Gesetzbuch vor Augen.

Wahre Freundschaft zeichnet sich dadurch aus, daß sie von der Zeit nahezu unberührt bleibt. Wie oft geschah uns in unserem Nomadenjahrhundert, daß wir einen Freund nach vielen Jahren der Trennung wiedersahen, und sofort waren

Freundschaft und Verständigung wieder da, als hätte es die Jahre nicht gegeben, als ob einer Freundschaft Zeit nichts anhaben könnte!

Wir können unter Freunden verschiedene Meinungen vertreten, aber nur bis zu einer gewissen Grenze. In einer Welt, die derart von politischen Kämpfen geprägt ist wie die unsere, sind unterschiedliche politische Standpunkte unter Freunden möglich, ohne der Freundschaft Abbruch zu tun, aber nur bis zu einem bestimmten Punkt. Drastische Unterschiede machen eine Freundschaft unmöglich, aber das hat keine größere Bedeutung, denn es ist nahezu unmöglich, daß wir mit jemand befreundet wären, der sich plötzlich als Bekenner irgendeiner politischen Doktrin oder Glaubensrichtung erweisen würde, die wir als abscheulich und unmenschlich ansehen. Da mein politischer Standpunkt grundsätzlich richtig ist, können unter Freunden Abweichungen von dieser Wahrheit nur bis zu einem gewissen Grad toleriert werden, ohne die Freundschaft zu zerstören.

Die Frage »ob Freundschaft überhaupt existiert?« mag uns vielleicht töricht erscheinen, bedenken wir jedoch, daß durchaus nicht dumme Menschen darauf verneinend antworteten. Sie behaupteten nämlich, daß alle unsere Handlungsweisen und Gefühle von dem Wunsch geleitet werden, Macht über andere Menschen auszuüben und sie für unsere Zwecke zu benutzen; Freundschaft ist danach nur eine der zahllosen Formen der Unterdrückung eines anderen Menschen. Solche Gedanken können wir in den frühen Werken von Sartre finden, bisweilen auch bei den Psychoanalytikern. Es handelt sich hierbei um eine anthropologische Ideologie, die zu der Schlußfolgerung führt, daß wir die menschlichen Handlungsweisen und Gefühle nicht wirklich differenzieren können, da es stets auf mehr oder minder verhüllte Weise um dasselbe ginge. Ich erkläre, daß dies eine dumme Doktrin ist, die durch die tägliche Erfahrung eines jeden von uns, der weiß, was

Freundschaft bedeutet, gestürzt wird. So wage ich es deshalb, öffentlich die verblüffende Entdeckung kundzutun: Ja, Freundschaft existiert.

Obwohl wir selbstverständlich nicht mit jedem befreundet sein können, so können wir dennoch eine solche Haltung zur Welt haben, um uns bei Begegnungen mit anderen, zuvor unbekannten Menschen von einer günstigen Präsumption, einer positiven Einstellung leiten zu lassen, die zwar bald durch die Erfahrung zerstört werden kann, aber die im Leben insgesamt hilfreich ist, auch wenn sie manchmal zu Verlusten führt.

Es gibt in der Tat Menschen, die aus verschiedenen Gründen zu Freundschaften nicht fähig sind und sogar nicht wissen, was eine Freundschaft ist; sie sind jedoch sehr unglücklich, auch wenn sie dies vor sich selbst zu verbergen suchen.

Nachwort

Im Jahre 1958 veröffentlicht Leszek Kołakowski einen Essay mit dem auffälligen Titel *Lob der Inkonsequenz*. Im scheinbaren Gegensatz zu den klassischen Traditionen des ethischen Denkens stellt er dort fest, »daß die Menschheit nur dank der Inkonsequenz noch weiterlebt«. Konsequent, so Kołakowski, sind Soldaten, die ihren gerechten Kampf so lange fortsetzen, bis auf der Gegenseite der letzte Soldat gefallen ist; konsequent ist der gesetzestreue Bürger, der nicht vor Denunziation zurückschreckt und voller Selbstachtung mit der Geheimpolizei zusammenarbeitet; konsequent sind auch die Gläubigen, die Scheiterhaufen für Häretiker errichten, da in ihren Augen die himmlische Seligkeit unendlich kostbarer ist als das irdische Wohlergehen. Versuchen Menschen völlig konsequent zu sein, ihre Überzeugung von der absoluten Überlegenheit eines Wertes konsequent in die Tat umzusetzen, dann verwandelt sich die Welt in Schlachtfelder. Dies geschieht auch immer wieder – doch bleibt die Menschheit am Leben, da es stets auch die Inkonsequenten gibt, die Unsicheren, die Wankelmütigen.

Die Inkonsequenz, so Kołakowski, entspringt letztlich dem »Bewußtsein von den Widersprüchen dieser Welt«. Sie ist eine der Formen, in der die Menschen ihrer Erfahrung der Unsicherheit des Denkens und Wertens Ausdruck verleihen. Die Welt der Werte insbesondere bildet für Kołakowski einen Bereich, auf den die Zweiwertigkeit der Logik häufig nicht angewandt werden kann. Da es Werte gibt, die »sich gegenseitig ausschließen und darum doch nicht aufhören, Werte zu sein«, bedeutet Inkonsequenz die »Ablehnung einer für alle

Zeiten geltenden Wahl zwischen Werten, die sich gegenseitig ausschließen«. Die Erfahrung von Antinomien und Brüchen, von Tragödien und Widersprüchen läßt uns radikale Konsequenz als Fanatismus erscheinen, die Inkonsequenz hingegen als »Quelle der Toleranz«.

Der Rückblick auf *Lob der Inkonsequenz* ist aus mehreren Gründen sinnvoll. Ende der fünfziger Jahre schließt der polnische Philosoph endgültig eine Phase ab, die man als seine prometheische Phase bezeichnen könnte. Als Mitglied der Kommunistischen Partei kämpfte Kołakowski rund zehn Jahre lang für einen radikalen Neubeginn der Gesellschaft. Alte philosophische Traditionen und vorsichtige, von der Lebenserfahrung getragene Unterscheidungen waren hierbei nicht gefragt, noch weniger die im polnischen Volk stark verwurzelten religiösen Überzeugungen. Nach der geschichtlichen und moralischen Katastrophe des ZweitenWeltkrieges ging es Kołakowski, wie vielen anderen auch, um einen Abschied von den offensichtlich kraftlos gewordenen abendländischen Werten und um einen neuen Ansatz, der die sozialen Gegensätze und Widersprüche in einem Absprung aus der »bisherigen« Geschichte aufzulösen vermochte. Der Ansatz war marxistisch und »revolutionär«, und es gehörte von Anfang an nicht viel Phantasie dazu, sich vorzustellen, daß es im »revolutionären Prozeß« nicht nur Gewinner geben würde. Freilich, für große Bedenken schien kein Anlaß zu bestehen: Die Verlierer, so der Anspruch der reinen Lehre, würden vor allem die Großgrundbesitzer und die Fabrikanten sein, die obskuren Kirchenleute und die kriegslüsternen Militärs, kurz: die Ausbeuter, die Unterdrücker, die Verdummer. Eine Dekade lang sah sich der junge Philosoph auf der Siegesstraße der Geschichte, richtete dabei seinen scharfen Verstand und seine rhetorischen Fähigkeiten vor allem gegen die katholische Kirche. Doch spätestens im Jahre 1956, als Chruschtschow die Verbrechen des Stalinismus enthüllt, als sich die

Bevölkerung der »sozialistischen« Länder gegen die neuen Fürsten, gegen die *Nomenklatura* erhebt, muß Kołakowski erkennen, daß die bequeme, »konsequente« Teilung der Welt in Schwarz und Weiß, in revolutionäre und antirevolutionäre Kräfte eine Mär war. Schlimmer noch: daß sie den Ausgangspunkt bildete für die fundamentale Mißachtung der Menschenrechte und für die Ausbildung von neuen Eliten und dumpfen Machtapparaten. Im Rückblick wird Kołakowski von der allmählichen Erkenntnis einer »einfachen Wahrheit« sprechen. Von der Einsicht, »daß die Gewalt Gewalt zeugt und keine Freiheit, daß der Terror Terror ist und kein Weg zur Gerechtigkeit, kurz, daß die Mittel notwendigerweise den Sinn der Zwecke bestimmen«.

Auch nach dem Ende seiner prometheischen Phase wird Kołakowski Denken noch manche Entwicklung und manchen Sprung vollziehen. Aus dem »linken« Denker wird nach und nach ein erstrangiger Kritiker der Marxschen Ideologie, aus dem nichtreligiösen Existentialisten wird ein Philosoph, der sich – bei durchgängiger Weigerung, die Gretchenfrage zu beantworten – immer mehr den christlichen Traditionen nähert.[1] Bei aller Entwicklung jedoch schimmert fortan stets die Überzeugung durch, die Kołakowski das *Lob der Inkonsequenz* anstimmen ließ. Die Überzeugung, daß bei allen noch so gutgemeinten Versuchen, eine menschenfreundlichere Welt zu errichten, die Erkenntnis von der »löchrigen« Existenz immer gegenwärtig bleiben müsse: die Erkenntnis von der grundsätzlichen Unzulänglichkeit des Menschen, seiner Ziele und Unternehmungen. Nicht zufällig wirft er dem Marxschen

1 Auf weitergehende biographische Erörterungen sei hier verzichtet. Vgl. hierzu das Nachwort zu: Leszek Kołakowski: Mini-Traktate über Maxi-Themen. Leipzig 2000, S. 100–108. Ausführlicher: Christian Heidrich: Leszek Kołakowski zwischen Skepsis und Mystik. Frankfurt am Main 1995, insbes. Kapitel 1.

Entwurf vor, daß darin *der Mensch* nicht vorkommt - nicht sein Körper, nicht seine Zerbrechlichkeit und Angst, nicht sein Tod. »Im Marxismus fehlen fast gänzlich solche Aspekte des Lebens wie die Tatsache, daß die Menschen geboren werden und sterben, daß es junge und alte Menschen gibt, daß sie männlich oder weiblich, gesund oder krank sind, daß sie in genetischer Hinsicht ungleich sind und daß alle diese Gliederungen Einfluß auf ihre gesellschaftliche Entwicklung nehmen können, unabhängig von den Klassengliederungen, und daß sie den menschlichen Projekten zur Vervollkommnung ihrer Welt Schranken setzen.« Der von der Doktrin des Marxismus angezielte Mensch: eine Chimäre, ein Irrlicht des Idealismus, ein junger Gott gar? In den Schlußzeilen seines Monumentalwerkes *Die Hauptströmungen des Marxismus* (1976-1978) nimmt Kołakowski solche Überlegungen auf, wenn er feststellt: »Die Selbstvergötterung des Menschen, welcher der Marxismus philosophischen Ausdruck verlieh, endet wie alle individuellen und kollektiven Versuche der Selbstvergötterung: Sie erweist sich als der farcenhafte Aspekt der menschlichen Unzulänglichkeit.«

Diese Überzeugung, es ist die nur scheinbar banale und *alle* philosophischen Großentwürfe im gleichen Maße betreffende Überzeugung, daß bei jeglicher Fragestellung »die andere«, die fragile Seite mitbedacht werden müsse, variiert Kołakowski unzählige Male. Zum Erstaunen seiner Leser und Bewunderer kann er dabei beispielsweise auch auf ein so »anachronistisches« religiöses Symbol wie das der Erbsünde zurückgreifen. Das selbstverständlich nicht, um sich an grotesken Spekulationen um den ersten Menschen und seine epochale Verfehlung zu beteiligen, vielmehr deshalb, weil er in diesem Symbol ein Ensemble von Einsichten zu erblicken vermag, an denen unbedingt festzuhalten sei. Es sind Einsichten, die im letzten von der *conditio humana* sprechen, ihrer dunklen Seite insbesondere: von dem Bösen, das alle Bemühungen, es auszurotten, unterläuft; von dem Preis, den wir für jede Errungenschaft, jeden verheißungsvollen Schritt zu bezahlen haben; von der häufig scheiternden Bemühung auch, Einsatz und Ertrag, Gewinn und Verlust in ein überschaubares Verhältnis zu bringen. »Für jedes Stück, das wir Fortschritt nennen, müssen wir zahlen, und wir können Aufwand und Gewinn nicht miteinander vergleichen. Daß wir keine solche Bilanz ziehen können, ist bereits Teil unseres unheilbaren Krüppelwesens [...].«

In Form philosophischer Predigten weist Kołakowski häufig auf Dilemmata und Brüche der menschlichen Existenz hin und interpretiert sie mittels der Symbolik der Erbsündenlehre. In allen Fasern unserer individuellen und sozialen Existenz, so heißt es dann, vermögen wir Risse zu entdecken, über die wir Bescheid wissen, die wir aber nur ungern wahrnehmen: Wir wissen, daß jede Lebensquelle einmal erschöpft sein wird und jede Konzentration von Energie einmal zerfällt; wir wissen, daß der biologische Lebensprozeß selbst die Hauptquelle von Angst und Aggressionen ist; ebenso, daß es kein konfliktfreies Wertesystem gibt, die Tragödie vielmehr eine stete Möglichkeit bleibt; wir erleben die Schöpfung zumeist als einen Kampf des Menschen gegen sich selbst und gegen andere und wissen, daß in unserer Welt die einzig reale Einheit der Tod darstellt; wir sind uns dessen bewußt, daß wir die Wirklichkeit häufig nur durch Flucht und Verdrängung ertragen können, daß unserer Fähigkeit der Weltverbesserung biologisch und historisch enge Grenzen gesetzt sind. »Alle diese Dinge, die wir zu wissen behaupten, machen die Wirklichkeit der Erbsünde aus – und trotzdem versuchen wir, diese Wirklichkeit zu verleugnen.«

Die so umschriebene Wirklichkeit besitzt im Gefüge der Kołakowskischen Anthropologie eine zentrale Funktion. In ihrer wiederholten Aufnahme geht es um den Schutz vor totalitärer Versuchung, um die unmißverständliche Absage an

Utopien jedweder Provenienz, die nach einer vollkommenen, widerspruchsfreien Gesellschaftsordnung streben, die die Rätsel der Geschichte vorgeblich gelöst haben und sich zum Sprung aus dem Reich der Notwendigkeit in das Reich der Freiheit rüsten. Leitmotivisch stellt Kołakowski fest, daß die menschliche Existenz von einem prinzipiellen, nicht nur kontingenten Riß geprägt ist. Eine auch nur annähernd perfekte menschliche Gesellschaft sei unmöglich, zudem gefährlich. Diesbezügliche großangelegte Verwirklichungsstrategien enden immer in theokratischen oder totalitären Karikaturen von Gemeinschaft, in Strömen von Blut.

Ist es müßig, darauf hinzuweisen, daß mit dieser Seite der Interpretation der Erbsünde eine gewichtige Analogie besteht zu den Aussagen, die Johannes Paul II. in der 1991 veröffentlichten Enzyklika *Centesimus Annus* macht? Nach der – nicht zufälligen! – Erwähnung der »Ereignisse des Jahres 1989« verweist der Papst aus Polen auf den »großen hermeneutischen Wert« der Lehre von der »Ursünde« und merkt an: »Wenn Menschen meinen, sie verfügen über das Geheimnis einer vollkommenen Gesellschaftsordnung, die das Böse unmöglich macht, dann glauben sie auch, daß sie für deren Verwirklichung jedes Mittel, auch Gewalt und Lüge, einsetzen dürfen. Die Politik wird dann zu einer ›weltlichen Religion‹, die sich einbildet, das Paradies in dieser Welt zu errichten. Aber niemals wird irgendeine politische Gesellschaft, die ihre eigene Autonomie und ihre eigenen Gesetze besitzt, mit dem Reich Gottes verwechselt werden können.«

Ethische Dilemmata, Marxismus, Erbsünde. Wer sich dem Œuvre des polnischen Denkers nähert, wird nicht behaupten können, Kołakowski bewege sich im Reich der unangreifbaren philosophischen Abstraktion. Sein Denken steht vielmehr im Dienst der menschlichen Praxis, zielt auf den fragenden und wachen Menschen, der sich keinen allumfassenden »Systemen« ausliefern möchte, freilich auch nicht den Meistern des

Verdachts, die in allen Idealen lediglich Ausgeburten der Angst und Verdrängung zu erblicken vermögen. Kołakowskis Position ist das spannungsvolle und spannende Dazwischen, und sein Blick auf den Menschen ähnelt wohl in vielem der Perspektive Pascals, die ihre Verdichtung in der knappen Sentenz gefunden hat: »Der Mensch ist weder Engel noch Tier; und das Unheil will, daß wer den Engel spielen will, das Tier spielt.« Ein solcher Realismus, der bei aller Bodenhaftung keinesfalls die Augen verschließt vor dem fortwährenden und berechtigten Ausgreifen des Menschen »nach Höherem«, macht Kołakowski auch zu einem dialogischen Denker. Seine – imaginären oder auch tatsächlichen – Gesprächspartner sind nicht nur seine universitären Fachkollegen, sondern auch Literaten und Theologen, Skeptiker und Mystiker, radikale Dekonstruktivisten und Sozialutopisten, aber auch »gewöhnliche Fernsehzuschauer«, an die sich die in diesem Band gesammelten *Mini-Traktate über Maxi-Themen* ursprünglich richteten.[2] Stets geht es darum, von den Grenzen der jeweiligen denkerischen Position zu sprechen – aber auch von den Bausteinen ihrer Berechtigung.

Der Leser, der sich dem polnischen Denker anhand der *Mini-Traktate* nähert, entdeckt einen Philosophen, der fähig ist, in scheinbar abseitigen Motiven »das Ganze« des menschlichen Fragens und der menschlichen Sorge wahrzunehmen. Mag das bei der Frage nach *Gott* oder auch beim Nachdenken über das *Verzeihen* keinesfalls verwundern, so erschließen Kołakowskis Meditationen über das *Nichtstun*, über *Masken* oder *Beerdigungen* eine Weise des Philosophierens, die schon

2 Die hier versammelten Aufsätze sind ursprünglich für eine Reihe von »Vorträgen« im polnischen Fernsehen verfaßt worden. Die einzige Ausnahme bildet der Text *Von nationalen Stereotypen*, der zunächst in der Zeitschrift *Polin* erschienen ist, einer Zeitschrift, die vom Institut für Polnisch-Jüdische Studien herausgegeben wird.

längst in Vergessenheit geraten schien: Wie Sokrates, der Ahnherr aller Philosophen, greift Kołakowski mitten in das alltägliche Leben hinein, um seine Gesprächspartner zum Mit- und Nachdenken anzuregen. »Jedermann« kann und soll hier mitgehen, jeder sich selbst und seine Vorurteile in Frage stellen. Daß ein Denker, der die Höhen der akademischen Lehrstühle verläßt, um in die Niederungen des Alltags abzusteigen, angreifbar wird - diese Tatsache ist wohlbekannt. Bereits im Jahre 1959, in seinem berühmten Essay *Der Priester und der Narr*, hat Kołakowski angedeutet, weshalb dieser Schritt ihm dennoch von größtem Nutzen ist: »Es geht uns um die Vision einer Welt, in der die am schwersten zu vereinbarenden Elemente menschlichen Handelns miteinander verbunden sind, kurz, es geht uns um Güte ohne Nachsicht, Mut ohne Fanatismus, Intelligenz ohne Verzweiflung und Hoffnung ohne Verblendung. Alle anderen Früchte des philosophischen Denkens sind unwichtig.«

Christian Heidrich

Leszek Kołakowski
Mini-Traktate über Maxi-Themen

Aus dem Polnischen übertragen von Dietrich Scholze. Mit einem Nachwort von Christian Heidrich
108 Seiten. RBL 1690. € 9,10
ISBN 3-379-01690-X

Freiheit und Gewalt, Luxus und Langeweile, Macht und Ruhm. Kurze, anregende Texte über die großen Themen der Philosophie.

Angesichts der Menschenmenge, die in den 60er Jahren Leszek Kołakowskis öffentliche Vorlesungen besuchte, stellte ein Reporter fest, daß »in Warschau nicht nur ein großes Bedürfnis nach Rindfleisch, Möbeln, Kühlschränken und Fernsehapparaten« bestehe, sondern offensichtlich auch »eine große Nachfrage nach Philosophie«. Bei aller ihrer Leichtigkeit handelt es sich bei Kołakowskis Texten nicht um ein Denken zum ermäßigten Tarif, sondern es kommt eine besondere Fähigkeit Kołakowskis zum Tragen: die klassischen Themen der Philosophie auf ihren Kern zu reduzieren und in plastische Fragestellungen zu verwandeln.

»Wie wunderbar leicht und anregend liest sich doch dieser Leszek Kołakowski.«
Salzburger Nachrichten